हरि ॐ तत्सत्

'मैं तुम्हें अस्तित्व सिखाता हूं, और अस्तित्व में प्रवेश
तुम्हारे अपने प्राणों से होकर है,
इसलिए याद रहे—ध्यान प्रार्थना नहीं है,
यह प्रार्थना के विपरीत है।
प्रार्थना तो उसी झूठी बकवास—
ईश्वर, स्वर्ग, नर्क—का ही हिस्सा है।
प्रार्थना उसी कचरे का अंग है।
ध्यान सिर्फ एकमात्र शुद्ध रास्ता है
अस्तित्व से जुड़ने का।
और यह जुड़ना तत्काल एक मिलन और
एक संगम हो जाता है।
तुम स्वयं ही अस्तित्व हो जाते हो।
तब तुम्हीं बादलों में हो और तुम्हीं सितारों में हो
और तुम्हीं फूलों में हो और तुम्हीं वर्षा में हो।
हर जगह तुम्हीं हो। तुम अब एक बूंद नहीं हो,
तुम सागर हो गए हो।'

ओशो

हरि ॐ तत्सत्

डायमंड पाकेट बुक्स

संयोजन : स्वामी आनंद प्रेम/स्वामी योग अमित
अनुवाद : स्वामी योग प्रताप भारती/स्वामी आनंद सत्यार्थी
प्रोडक्शन : स्वामी प्रेम असंग/स्वामी सत्यम विभव

प्रकाशक : **डायमंड पॉकेट बुक्स (प्रा.) लि.**
X-30 ओखला इंडस्ट्रियल एरिया, फेज-II
नई दिल्ली-110020
फोन : 011-40712200
ई-मेल : sales@dpb.in
वेबसाइट : www.diamondbook.in

संस्करण : 2021
:

अनुक्रम

1	जीवित होना ही प्रबुद्ध होना है	7
2	नयी मनुष्यता की शुरुआत	19
3	पूरे जगत को प्रेम से भर दो	37
4	धार्मिक जीवन और सौंदर्य बोध	49
5	ईश्वर : मानव चेतना की दरिद्रता	65
6	ध्यान : एक आंतरिक तीर्थयात्रा	77
7	फैलाओ प्रेम की लहर	95
8	जीवन कोई प्रश्न नहीं, खेल है	105
9	मन गति में जीता है	109
10	लतीफे तुम्हें निर्भार करते हैं	121
11	आध्यात्मिक निकटता : हृदय से हृदय का मिलन	125
12	मुद्राओं का सौंदर्य	141
13	कुतूहल एक बौद्धिक खुजलाहट है	147

ओशो परम कल्याण-मित्र हैं, अस्तित्व का माधुर्य हैं।
उनकी करुणा का सहारा पाकर मानवता धन्य हुई है।

ओशो जिनका न कभी जन्म हुआ, न कभी मृत्यु,
जो इस पृथ्वी ग्रह पर
11 दिसम्बर 1931 से 19 जनवरी 1990 तक
केवल एक आगंतुक रहे।

प्रस्तुत प्रवचन सम्मुख-उपस्थित श्रोताओं के प्रति
ओशो के सहज प्रतिसंवेदन हैं, जिनका मूल्य शाश्वत
व संबंध मानव-मानव से है।

1

जीवित होना
ही
प्रबुध्द होना है

प्यारे भगवान,

मैंने आपको कहते सुना है : 'हरि ओम् तत्सत्—दिव्य ध्वनि : वह ही सत्य है।' जब आप बोलते हैं, मैं सत्य की ध्वनि को अपने भीतर प्रतिध्वनित होते हुए सुनती हूं, फिर भी मैं संबुद्ध नहीं हूं। यह कैसे है कि मैं उसे पहचान सकती हूं जिसे मैंने अनुभव नहीं किया है ?

मनीषा, हरि ओम् तत्सत्; दिव्य ध्वनि, वह ही सत्य है...., यह महावाक्यों में से एक है। महान कथन जो अनंत काल से रहस्यदर्शियों के हृदय में जड़े हुए हैं। यह कुछ सैद्धांतिक, कुछ दार्शनिक नहीं है, यह कुछ अस्तित्वगत है। जो अपने भीतर गये हैं, उन्होंने हमेशा एक अद्‌भुत ध्वनि सुनी है, जिसे सिर्फ स्वयं अस्तित्व की ध्वनि ही कहा जा सकता है। उस ध्वनि को भाषा में उतारना कठिन है। इसलिए जितना पीछे हम लौट सकें, सदियों से ओम्—उस ध्वनि को—किसी वर्णाक्षर द्वारा नहीं, बल्कि एक प्रतीक द्वारा निरूपित किया गया है।

वह प्रतीक किसी भी वर्णमाला के परे है। यह किसी भाषा का अंग नहीं है। इसीलिए तिब्बती इसका उपयोग कर सकते हैं; जो लोग संस्कृत में लिख रहे हैं, वे इसका उपयोग कर सकते हैं; महावीर इसका उपयोग कर सकते हैं जो प्राकृत-नामक भाषा का उपयोग कर रहे थे; गौतम बुद्ध इसका उपयोग कर सकते हैं जो पाली नामक भाषा में बोल रहे थे। पूरे विश्व में कोई और दूसरा प्रतीक नहीं है जो कि किसी भाषा विशेष से संबंधित नहीं है, बल्कि सिर्फ एक विशेष अनुभव का प्रतीक है जो किसी को भी घट सकता है। और उन्होंने इसे किसी भाषाई रूप में क्यों नहीं उतारा ? यह बिना कारण नहीं है।

ओम् की ध्वनि केवल तभी सुनी जाती है जब तुम्हारा मन परिपूर्ण शांत हो; जब तुम सब भाषाओं के, सब सोच-विचार के पार जा चुके हो; जब वहां परिपूर्ण मौन है, एक लहर भी नहीं। अचानक तुम एक संगीत सुनते हो। कोई वाद्ययंत्र इसे बजा

नहीं रहा है। ऐसा लगता है यह बस अस्तित्व की हृदय-धड़कन ही है। इसी कारण इससे फर्क नहीं पड़ता कि कोई बौद्ध है या हिंदू है या जैन है। यह तुम्हारे दर्शन-शास्त्र पर, तुम्हारे धर्म पर निर्भर नहीं करता है। यह तुम्हारे अंतस की तरफ तुम्हारी पहुंच की, तुम्हारी गहराई पर निर्भर करता है। वहां अचानक तुम आप्लावित हो जाते हो।

यह ठीक-ठीक ओम् नहीं है। लेकिन ओम् उस ध्वनि की अभिव्यक्ति के समीपतम आता है। और उस ध्वनि को दिव्य ध्वनि कहा गया है, क्योंकि यह मनुष्य-निर्मित नहीं है। यह अनंत काल से अभी-यहां है। जो भी अनंत अस्तित्व की धारा में प्रवेश करना चाहता है, वह इसे सुनेगा ही। यह कुछ कहती नहीं। लेकिन यह तुम्हारे प्राणों को इतने आनंद में, इतने उत्सव में, इतने नृत्य में तरंगित कर देती है कि तुमने पहले कभी जिसका सपना भी नहीं देखा है।

'हरि' शब्द ईश्वर के एक नाम की तरह उपयोग किया जाता है। मैं ईश्वर को बीच में नहीं लाना चाहता हूं.... मैं ईश्वर शब्द से पूर्णतया बचना चाहता हूं, क्योंकि यह अपने पीछे तमाम तरह के झूठ ले आता है। कभी भी किसी ने किसी ईश्वर का अनुभव नहीं किया है। इसके समर्थन में न कोई तर्क है, न कोई सबूत, न कोई साक्ष्य। यह एक बिलकुल व्यर्थ परिकल्पना है। न केवल व्यर्थ, बल्कि अत्यंत हानिप्रद, क्योंकि ईश्वर के नाम पर इतना खून-खराबा हो चुका है। समय आ गया है कि हम इस शब्द को भूल जायें और अन्य कुछ नया उपयोग करना शुरू करें।

'हरि' शब्द अपने आप में एक और अर्थ भी रखता है जो कि ईश्वर शब्द से कहीं अधिक सुंदर है। संस्कृत में हरि का अर्थ होता है 'चोर'। और ओम् की ध्वनि—एक बार तुम इसके समीप आओ—निश्चित ही महाचोर सिद्ध होती है, क्योंकि यह बस तुम्हारा हृदय ही हमेशा के लिए चुरा लेती है। फिर तुम अस्तित्व के अंग हो और तुम एक पृथक व्यक्तित्व नहीं बचे हो। तुम नहीं हो, अस्तित्व है। निश्चित ही यह केवल एक महाचोर द्वारा किया जा सकता है कि तुम पूरे चुरा लिये गये हो, आत्मसात, पीछे कोई चिन्ह भी नहीं छूटा है। जिन लोगों ने हरि ओम् शब्द का उपयोग किया वे कहना चाहेंगे कि यह दिव्य ध्वनि है। मेरी अपनी पसंद है, यह महाचोर ध्वनि है जिसने लाखों दिल चुरा लिये हैं।

लेकिन तुम कुछ भी कहो, एक बात सुनिश्चित है : तत्सत्। तत् का अर्थ है 'वह' और सत् का अर्थ है 'सत्य'।

यह ओम् की ध्वनि हमारा आत्यंतिक सत्य है, हमारा आत्यंतिक अस्तित्व है।

हम इसी से बने हैं। पूरा अस्तित्व तरंगायित है और उसी ध्वनि की विभिन्न तरंगों द्वारा विभिन्न वस्तुएं हैं, लेकिन वे सिर्फ विभिन्न तरंगें हैं। एक अमुक तरंग एक वृक्ष निर्मित करती है, दूसरी तरंग एक पक्षी निर्मित करती है, एक और तरंग एक मनुष्य निर्मित करती है, पर रहस्यदर्शियों के अनुसार पूरा अस्तित्व ध्वनि से बना है। यह ध्वनि निश्चित ही सर्वाधिक पवित्र, सर्वाधिक दिव्य है, क्योंकि इससे और अधिक सुंदर, और अधिक आह्लादकारी कुछ भी नहीं है। एक बार तुमने इसे सुन लिया—दूर से भी, एक झलक मात्र—और तुम फिर वही व्यक्ति कभी नहीं रहोगे।

हम जो कुछ ध्यान में खोज रहे हैं, और कुछ नहीं बल्कि यही महाचोर है। हम अपने प्राणों में खोज रहे हैं कि हमारे जीवन के जीवन-केंद्र पर किस प्रकार का नृत्य, किस प्रकार का संगीत सतत जारी है। आश्चर्यजनक रूप से जो भी भीतर प्रवेश किये हैं, बिना किसी अपवाद के उन्होंने एक ही उत्तर पाया है—हरि ओम् तत्सत्।

मनीषा, तुम पूछ रही हो, ''जब आप बोलते हैं, मैं सत्य की ध्वनि को अपने भीतर प्रतिध्वनित होते हुए सुनती हूं, फिर भी मैं संबुद्ध नहीं हूं। यह कैसे है कि मैं उसे पहचान सकती हूं जिसे मैंने अनुभव नहीं किया है ?'' तुम्हारे प्रश्न के इस छोटे से भाग में कई बातें हैं।

जब तुम मुझे सुनते हो, तुम अस्तित्व को ही सुन रहे हो; ठीक जैसे तुम देवदार वृक्षों से गुजरती हवा को सुनते हो या तुम बहते जल की ध्वनि सुनते हो। मेरे पास तुमसे कहने को कुछ भी नहीं है, इसीलिए मैं सतत वर्षों बोलता चला जाता हूं। यदि मेरे पास कुछ कहने के लिए होता, मैंने इसे कह दिया होता। क्योंकि मेरे पास कहने को कुछ भी नहीं है, मैं अनंत काल तक जारी रख सकता हूं।

जब तुम मेरी ध्वनि सुनते हो और तुममें सत्य प्रतिध्वनित होना शुरू हो जाता है—यह सिर्फ सद्गुरु और शिष्य के बीच का सेतु-बंधन है। यदि मुझसे जो आ रहा है अस्तित्व में ही जन्मा है और तुम प्रेम में हो, श्रद्धा में, मेरे साथ एकात्मता अनुभव कर रहे हो, तुम उसी सत्य के साथ प्रतिध्वनित होना शुरू हो जाओगे जो मुझे एक माध्यम बना रहा है। इसके लिए तुम्हें कोई विशेष होने की जरूरत नहीं है। इसे सिर्फ खुले हुए द्वार सहित एक प्रेमपूर्ण हृदय, एक श्रद्धावान हृदय की जरूरत है ताकि जो हवा का झोंका आ रहा है अवरुद्ध न हो जाये; ताकि जो सुवास बह रही है तुम्हें आच्छादित कर सके, तुम्हें सराबोर कर सके, अपनी पंखुड़ियों को खोलते हुए गुलाब की तरह तुम्हारे हृदय को खोल सके।

लेकिन तुम्हारी समस्या है "यह कैसे संभव है, क्योंकि मैं संबुद्ध नहीं हूं ?" यह तुमसे किसने कहा ? मैं हर रोज कह रहा हूं तुम संबुद्ध हो, और तुम इतने जिद्दी हो कि कभी-कभी मैं भी महसूस करने लगता हूं कि यही बेहतर होगा कि मैं तुममें सम्मिलित हो जाऊं और अबुद्ध हो जाऊं। यह अलगाव क्यों रखना ? या तो तुम संबुद्ध हो जाओ अन्यथा मैं अबुद्ध हो जानेवाला हूं। हर चीज की एक सीमा है। मैं नहीं जानता यह कौन व्यक्ति है जो ये अफवाहें फैलाता रहता है कि तुम संबुद्ध नहीं हो। इस जानकारी का स्रोत क्या है ?

मुझे यह पता है कि तुम्हें हजारों वर्षों से कहा गया है, कि तुम संबुद्ध नहीं हो क्योंकि लोग जो तुम्हें कह रहे थे तुम संबुद्ध नहीं हो, वे अहंकार की दौड़ में थे—वे संबुद्ध थे, तुम संबुद्ध नहीं थे; वे पहुंच चुके थे, तुम्हारी यात्रा बहुत लंबी होनेवाली है, शायद कई-कई जिंदगियां।

उनका पूरा प्रयास तुम्हारे और उनके बीच एक महान अंतर पैदा करने का था, ताकि वे तुमसे श्रेष्ठ हो सकें। वे दिव्य हैं, वे ईश्वर के अवतार हैं, वे संबुद्ध हैं, वे पैगंबर हैं, वे मसीहा हैं, और तुम....तुम सिर्फ एक अज्ञानी आदमी हो, एक जिंदगी से दूसरी जिंदगी में भटकते, अज्ञान का वही बोझ ढोते जो हर जिंदगी के साथ बढ़ता चला जाता है। इन लोगों ने पूरी मानवता का अपमान किया है।

जहां तक मेरा संबंध है, मैं कहना चाहता हूं, न केवल तुम संबुद्ध हो, वृक्ष, नदियां और पर्वत और तारे, सभी संबुद्ध हैं। इससे अन्यथा संभव नहीं है। मैं चाहता हूं यह तुम्हें सर्वथा स्पष्ट हो कि जीवित होना संबुद्ध होना है। जहां भी जीवन है, जहां भी प्रेम है. वहां बुद्धत्व बस अंतर्निहित है। संभव है तुम इसे पहचान न सको। मेरा पूरा प्रयास इसे पहचानने में तुम्हारी सहायता करना है।

सभी ध्यान और कुछ नहीं, बस तुम्हारे बुद्धत्व के अहसास के लिए प्रयास हैं—जो कि है ही, चाहे तुम इसे अनुभव करो या नहीं, इससे फर्क नहीं पड़ता। यदि तुम इसे अनुभव करते हो, तुम उल्लास मनाओगे, तुम्हारा जीवन प्रबल आभा और गरिमा, प्रसाद और.अहोभाव का क्षण-प्रतिक्षण एक नृत्य हो जायेगा। यदि तुम इसे नहीं पहचानते, तुम दुखी रहोगे, सभी प्रकार के मूढ़ों, धोखेबाजों से पूछते कि "मैं कैसे संबुद्ध हो सकता हूं ?"

बोधिधर्म जैसे सद्गुरु हुए हैं। तुम उससे पूछो संबुद्ध कैसे हों और तुम्हारे मुंह पर एक अच्छा तमाचा पड़ेगा कि तुम तत्काल जाग जाओगे, कि "मुझे खेद है, मैं

जरा झपकी खा गया था, मैं संबुद्ध हूं।'' वे दिन सुंदर थे जब यह पूर्णतया स्वीकृत था कि कोई गुरु शिष्य को तमाचा मार सकता है। अब लोग उन सुंदर क्षणों को और उन सुंदर दिनों को और उन सुंदर लोगों को पूरी तरह भूल चुके हैं।

च्वांग्त्सू के विषय में यह कहा जाता है कि जब वह पहली बार उस झोपड़ी में घुसा, जहां लाओत्सू, उसका होनेवाला गुरु रहता था, लाओत्सू ने च्वांग्त्सू को देखा और कहा, 'एक बात स्मरण रखना, मुझसे कभी नहीं पूछना संबुद्ध कैसे हों।' गरीब प्राणी इसी उद्देश्य के लिए ही तो आया है। पर लाओत्सू ने यह स्पष्ट कर दिया कि केवल इस शर्त पर मैं तुम्हें अपने शिष्य की तरह स्वीकार करूंगा। एक क्षण को तो सन्नाटा छा गया। च्वांग्त्सू ने सोचा, 'यह अद्‌भुत है, मैं संबुद्ध होने के लिए आया हूं, शिष्य होने का मकसद ही वही है। और ये वृद्ध महानुभाव, इतने सुंदर और इतने महिमावान, एक बेतुकी बात पूछ रहे हैं, कि यदि तुम मेरे शिष्य होना चाहते हो, मुझसे वादा करो कि संबुद्ध कैसे हों के विषय में तुम कभी नहीं पूछोगे।'

लेकिन पहले ही बहुत देर हो चुकी थी। वह वृद्ध व्यक्ति के प्रेम में पड़ चुका था। उसने उनके पैर छुए और उसने कहा, 'मैं वादा करता हूं मैं कभी नहीं पूछूंगा कैसे संबुद्ध हों, लेकिन मुझे अपना शिष्य स्वीकार करें।'

और तत्क्षण एक जोरदार तमाचा पड़ा, कि 'तुम मूढ़, यदि तुम संबुद्ध नहीं होनेवाले हो, तो किसलिए तुम शिष्य बन रहे हो? मैं यह वचन मांग रहा था क्योंकि मैं तुममें इतनी शानदार प्रतिभा देख सका कि शायद तुम मेरे पूछने का तात्पर्य तत्काल महसूस कर लो। तुम संबुद्ध हो, संबुद्ध कैसे हों का कोई रास्ता नहीं है, न कोई जरूरत है। वास्तव में तो यदि तुम अबुद्ध भी होना चाहो, तो भी कोई रास्ता नहीं है।'

तब यह पूरी मनुष्यता अबुद्ध क्यों हो गयी है? उन्होंने यह कैसे किया? सिर्फ भूलने के द्वारा। सिर्फ अन्य चीजों में अत्यधिक रम कर। दुनिया बड़ी है और मन तुम्हें नयी वासनाओं, नयी आकांक्षाओं, नयी उपलब्धियों, नये प्रलोभनों में लिये चला जाता है। और धीरे-धीरे तुम्हारे और तुम्हारे मन के बीच एक पर्दा हो जाता है और मन तुम्हारे प्राणों को पूरी तरह भूल जाता है। यह पूरी तरह भूल जाता है कि केवल बाहरी अस्तित्व ही नहीं, एक आंतरिक जगत भी वहां है। आंतरिक की तुलना में बाहरी बहुत दीन है। लेकिन एक बार तुम बाह्य के साथ जुड़ जाओ तो यह इतना विस्तृत है कि एक संभावना है, तुम लाखों-लाखों जिंदगी ब्रह्मांड में भटकते रह सकते हो। और संभव है तुम अनुभव न करो कि तुम अपना समय व्यर्थ गंवा रहे हो, कि

यह समय है भीतर देखने का।

मनीषा, मुझे वचन दो फिर कभी न पूछने का कि 'मैं प्रबुद्ध नहीं हूं, प्रबुद्ध कैसे होना ?' तमाचा मारने के मेरे अपने ढंग हैं—कहीं अधिक परिष्कृत। अपने हाथ का मैं प्रयोग नहीं करता क्योंकि मैं एक आलसी व्यक्ति हूं, और फिर मैं अपने हाथ को चोट नहीं पहुंचाना चाहता। लेकिन मेरे अपने ढंग हैं और मैं लोगों को तमाचे लगाता रहता हूं—और तुम यह अच्छी तरह जानते हो !

और तुम्हारे प्रश्न का अंतिम हिस्सा है, 'यह कैसे है कि मैं उसे पहचान सकती हूं जो मैंने जाना नहीं है ?' तुम इसे पहचान सकते हो। यह एक सुनिश्चित गारंटी है कि तुमने इसकी अवश्य किसी अचेतन ढंग से प्रतीति की है, शायद तुम अपनी प्रतीति भूल गये हो। प्रत्येक बच्चा इस प्रतीति के साथ पैदा होता है।

मैंने कई बार गौतम बुद्ध की कहानी की भर्त्सना की है, लेकिन इस बार मैं इसकी सराहना करनेवाला हूं। बस चीजों को संतुलन में रखने के लिए। कहानी है कि गौतम बुद्ध जब पैदा हुए उनकी मां एक साल-वृक्ष के नीचे खड़ी हैं और वह खड़े-खड़े पैदा हुए। और प्रथम बात वह करते हैं कि अपनी मां के सामने सात कदम चलते हैं और जगत के प्रति घोषणा करते हैं कि 'मैं सदा-सदा का सर्वाधिक संबुद्ध व्यक्ति हूं।' मैंने इसकी अलग कारणों से भर्त्सना की है। मैं अलग कारणों से इसकी सराहना करना चाहता हूं।

वास्तव में हर बच्चा, यदि वह कह सके, यही बात कहेगा कि 'मैं संबुद्ध हू।' यदि हर बच्चा सात कदम चल सके, चलेगा और पूरे जगत के लिए घोषणा करेगा कि 'मैं सर्वाधिक संबुद्ध, अनूठा व्यक्ति हूं।' शायद यह कहानी प्रत्येक बच्चे की निर्दोषिता को उसके बुद्धत्व की तरह, उसके आत्यंतिक अनुभव की तरह पहचानने का सिर्फ एक प्रतीकात्मक ढंग है। लेकिन वह संसार में खो जायेगा। और शायद ही कभी-कभार कोई बचपन में पुनः वापस लौटता है। मेरा प्रयास तुम्हें पुनः तुम्हारे निर्दोष बचपन में वापस लाने का है। जो तुमने अपने पहले जन्म में नहीं किया, तुम अपने दूसरे जन्म में कर सकते हो।

मेरे यहां से जाने के बाद, प्रत्येक को सात कदम चलना है और पूरे जगत को घोषणा कर देनी है कि 'मैं सर्वाधिक संबुद्ध व्यक्ति हूं !' करके देखो और तुम वास्तव में आनंद लोगे। और फिर कभी नहीं पुराने अज्ञान में पड़ना और देखना शुरू कर देना कि संबुद्ध कैसे हों ! आज की रात इसे निपटा डालो ! और तुम पूछ रही हो कोई

इसे कैसे पहचान सकता है यदि उसने अनुभव नहीं किया है।

यह वैसा ही सवाल है, जैसे किसी रेस्टोरेन्ट में तुम्हें एक सड़ा अंडा दिया गया है और तुम कहते हो 'यह सड़ा है।'

और मैनेजर आता है, 'क्या तुम मुर्गी हो ? कभी तुमने एक भी अंडा दिया है ? यदि तुमने कभी अंडा नहीं दिया, किस अधिकार से तुम कह रहे हो यह सड़ा है ?'

कोई जरूरत नहीं है। तुम चीजें पहचान सकते हो जो संभव है होशपूर्वक तुमने अनुभव न की हों, लेकिन जो अवश्य ही तुम्हारे भीतर प्रतीति की एक अंतर्धारा है। उसके अलावा और कोई रास्ता नहीं है। जब तुम प्रेम में पड़ते हो तो कैसे पता लगाते हो कि यह प्रेम है ? निश्चित ही तुम्हारे भीतर कहीं गहरे में अवश्य ही एक छिपा हुआ कोना होना चाहिए जो कि पहले ही जानता है कि प्रेम क्या है। तुम कैसे पहचानते हो जब तुम एक गुलाब का फूल देखते हो और कहते हो यह सुंदर है ? क्या तुमने कभी सौंदर्य देखा है ? क्या तुमने कभी अनुभव किया है कि सौंदर्य क्या है ? लेकिन निश्चित ही तुम अनुभव करते हो कि गुलाब सुंदर है। मैं सिर्फ इतना ही कह रहा हूं कि तुम्हारे प्राणों में सौंदर्य के बाबत, सत्य के बाबत, अस्तित्व की आत्यंतिक ध्वनि के बाबत एक असंदिग्ध अनुभव होना ही चाहिए। उसी कारण तुम पहचान पाते हो।

तुम, जितना तुम सोचते हो तुम हो, उससे कहीं अधिक हो। तुम वह नहीं हो जो सभी धर्मों ने तुम्हें बना दिया है— पापी, निंदित, तुम्हें नर्क ले जाने वाली ट्रेन के लिए प्रतीक्षालय में बैठे हुए। और प्रतीक्षालय स्वयं ही तुम्हें नर्क का पर्याप्त अनुभव दे रहा है।

'पाप' शब्द सभी धर्मों द्वारा बिना इस शब्द के मूल अर्थ की तरफ ध्यान दिए उपयोग किया जाता है। इस शब्द का मूल अर्थ है 'भूलना'। इसका नैतिकता से कुछ लेना-देना नहीं है; इसका तुम्हारे शुभ कर्मों या अशुभ कर्मों से कुछ भी लेना-देना नहीं है; इसका लेना-देना भूल जाने से है कि तुम कौन हो। और यदि तुम भूल गये हो, तुम याद भी कर सकते हो।

गौतम बुद्ध अपने शिष्यों से सतत कहते हैं, 'यह कोई अनुभव का प्रश्न नहीं है, यह केवल स्मरण का प्रश्न है। जो तुम भूल गये हो, तुम्हारे पास है।' जरा तुम्हारी सभी जेबों में थोड़ी खोज....उन जेबों में भी जो तुम अपने आप से भी गुप्त रख रहे हो।

मैंने तुम्हें मुल्ला नसरुद्दीन की कहानी कही है। वह एक ट्रेन में यात्रा कर रहा है

और एक टिकट निरीक्षक आता है और मुल्ला हर चीज में देखता है, अपने सब सूटकेस और बैग खोल डालता है, और इतना उपद्रव करता है कि लगभग आधे यात्रियों को उसकी सब चीजों को रखने के लिए जगह बनाने के लिए हटना पड़ता है, जो कि वह टिकट ढूंढ़ने में बाहर निकाल रहा है।

थककर, टिकट निरीक्षक कहता है, 'छोड़ो यह सब, बस मुझे एक प्रश्न का उत्तर दो और मैं संतुष्ट हो जाऊंगा। तुम हर चीज में देख रहे हो, ऐसी चीजों में जहां टिकट नहीं खो सकता है। तुमने अपने जूतों में देखा, टि्कट जूते में क्यों खोयेगा ? लेकिन तुमने अपने कोट की दायीं जेब में नहीं देखा।'

मुल्ला ने कहा, 'उसका जिक्र ही न करें। मैं उस जेब में देखनेवाला नहीं हूं। वही मेरी एकमात्र आशा है, कि शायद टिकट वहीं होना चाहिए। मैं दुनिया में हर जगह देख सकता हूं, लेकिन अपनी दायीं जेब में नहीं।'

डिब्बे में सभी ने कहा, 'यह अजीब है, यह व्यक्ति सोचता है कि शायद'.... अगर तुम सोचते हो कि शायद टिकट वहां हो सकता है, तो सबसे पहली जगह वही है देखने की। लेकिन नहीं, अलग-अलग प्रकार के तर्क हैं और अलग-अलग प्रकार के गणित हैं। उस आदमी की बात में भी दम है। वह कहता है, 'वही मेरी एकमात्र आशा है, उसे मत तोड़ो। पहले मुझे पूरी दुनिया में देख लेने दो। वह अंतिम शरण है।'

उसकी खोजबीन से परेशान, टिकट निरीक्षक कहता है, 'तुम बस शांत हो जाओ और अपनी चीजें समेट लो क्योंकि तुम सब यात्रियों को बाधा दे रहे हो और मैं तुम्हारी दायीं जेब के विषय में कुछ नहीं पूछूंगा।'

उसने कहा, 'वह ठीक है। कभी कोई मेरी दायीं जेब की तरफ कोई इशारा न करे। वह मैं देखने वाला नहीं हूं।'

हममें से अधिकतर लोग चीजों को ठीक वहीं खोज रहे हैं, जहां वे नहीं हैं। अब लोग ईश्वर को चर्चों में, मंदिरों में, पत्थर की मूर्तियों में खोज रहे हैं, और कोई कभी नहीं सोचता कि, 'क्या ईश्वर वहां मिलनेवाला है ?' मूर्तियां मानव-निर्मित हैं, मंदिर मानव-निर्मित हैं और कोई अपने भीतर नहीं देख रहा है; जो कि एकमात्र स्थान है, जो मनुष्य द्वारा निर्मित नहीं है। एकमात्र स्थान जहां शायद टिकट है। यह सिर्फ स्मरण करने का प्रश्न है, लेकिन चाहे तुम स्मरण करो या नहीं, तुम स्वभाव से पूर्ण के हिस्से हो।

और अनुभव कि 'मैं हिस्सा हू पूर्ण का,' बुद्धत्व है। यदि तुम इसे पहचान लेते हो, तुम नाचना शुरू कर देते हो। यदि तुम इसे नहीं पहचानते, तुम अनावश्यक रूप से रोते रहते हो। चीजें जो कि बड़ी सरल हैं, जो सिर्फ धोखा देने के लिए, तुम्हारा शोषण करने के लिए, अनावश्यक रूप से जटिल बना दी गयी हैं।

धर्म ने दुनिया में विशालतम धंधे की तरह काम किया है—दो अर्थों में विशालतम। यह किसी भी अन्य धंधे से अधिक धन इकट्ठा करता है और यह ऐसी चीजें बेचता जाता है जो अदृश्य हैं। अब, चीजें जो कि अदृश्य हैं, उन्हें बेचना एक बड़ा भारी धंधा है। तुम कुछ अदृश्य खरीदते हो, तुम सावधानीपूर्वक इसे अपने सूटकेस में रखते हो, डरे हुए कि यह खो सकता है, तब इसे ढूंढ़ना बहुत कठिन होगा। इसलिए सूटकेस तालाबंद रखो, कभी इसे खोलो नहीं, क्योंकि कौन जानता है, संभव है अदृश्य वस्तु के पंख हों, कहीं बाहर उड़ जाये।

और दुनिया में सर्वाधिक प्रतिभाशाली लोग भी ईश्वर खरीद रहे हैं, जो कि सर्वथा अदृश्य है; स्वर्ग के लिए टिकट खरीद रहे हैं, स्वर्ग में बैंक रोकड़ जमा कर रहे हैं। और हर चीज जो वे देते हैं, वे अपनी आंखों से पुरोहितों की जेबों में जाती देखते हैं, लेकिन शायद उन जेबों से अदृश्य मार्ग हैं कि धन जो वे पोप को दे रहे हैं पहुंच जायेगा। वेटिकन में पोप का एक बैंक है। यह वास्तव में मूल बैंक की एक शाखा है। तुम शाखा में जमा करो, यह मूल बैंक को पहुंच जायेगा। तुम्हें इस विषय में चिंतित होने की जरूरत नहीं है।

और यह पोप यहां-वहां अनावश्यक यात्राओं के लिए तुम्हारा पैसा बरबाद करता फिरता है। वह भारत आया और जहां कहीं भी वह जाता है, वह पहला काम करता है पृथ्वी को चूमना। यह उसने वेटिकन में ही कर लिया होता। कोई जरूरत न थी, पृथ्वी हर जगह एक जैसी है। निश्चित ही स्वाद अलग-अलग हैं। जब वह नई दिल्ली हवाईअड्डे पर उतरा, मैं नेपाल में था और मैंने अपने लोगों से कहा कि यह उसका हिंदू धर्म का पहला स्वाद है। क्योंकि भारत में गोबर का स्वाद लिये बिना भूमि का स्वाद तुम नहीं ले सकते। और वही एकमात्र सारभूत हिंदू धर्म है।

और वह तुम्हारा पैसा बरबाद करता है, जो तुम सोचते हो स्वर्ग में जमा होने वाला है। आस्ट्रेलिया की अपनी एक यात्रा में उसने साठ लाख डालर बरबाद किये—इंग्लैंड की महारानी एलिजाबेथ के दौरे से दो गुना। और साल में तीन बार वह दुनिया में चक्कर मारता है, हर चक्कर में साठ लाख, अस्सी लाख डालर फूंकते

हुए। यह तुम्हारा धन है।

एक बार बर्नार्ड शा से पूछा गया था, 'क्या आप सोचते हैं कि कोई व्यक्ति जेबों में अपने हाथ डाले और कुछ न करते हुए आनंदपूर्वक जी सकता है ?'

जार्ज बर्नार्ड ने कहा, 'हां, यह संभव है। बस एक बात याद रखनी होगी। हाथ तुम्हारे होने चाहिए और जेबें, वे तुम्हारी नहीं होनी चाहिए। बस अपने हाथ किसी अन्य की जेब में रखो।'

वही पूरा का पूरा धर्म रहा है....वे तुम्हें ऐसी चीजें देते रहे हैं जो कोई मूढ़ भी समझ सकता है।

अभी कलकत्ता से इतालवी वाणिज्य दूत यहां थे। यहां मेरे द्वारा पिटने आने से पहले वह सत्य साईं बाबा के पास गये थे। वह अपने आपको एक सत्य का खोजी समझते प्रतीत होते हैं। और सत्य साईं बाबा के स्थान पर हुआ क्या ? वहां उनकी एक व्यवस्था है कि कार्यालय में तुम फॉर्म भरते हो—तुम्हारा नाम, तुम्हारा देश, तुम्हारा काम, तुम्हारा मूल प्रश्न क्या है जिसे पूछने के लिए तुम यहां आये हो। और तब इतालवी वाणिज्य दूत को अंदर ले जाया गया। वहां बहुत से अन्य लोग साईं बाबा के लिए प्रतीक्षारत बैठे थे। उसे एक विशेष स्थान दिया गया। सत्य साईं बाबा अंदर आये और सीधे उसकी तरफ इशारा किया 'कि तुम कलकत्ता में रहते हो; कि तुम इतालवी हो; कि तुम वाणिज्य दूतावास में कार्य करते हो।' महान चमत्कार ! और वह सब पूरी की पूरी सूचना जो उसने भरी थी...।

और ये सत्य साईं बाबा जैसे मूढ़ दूसरे मूढ़ों द्वारा घिरे रहते हैं, न केवल इस देश के, वे दूर-दूर से सत्य की खोज में आते हैं। और वह अत्यधिक प्रभावित था कि 'तुम्हारा यह प्रश्न है। तुम यह जानना चाहते हो, यह तुम्हारी तलाश है। तुम सत्य के एक महान खोजी हो।'

अब, स्वभावतः वह एक किताब लिखनेवाला है। मैं उसकी किताब की प्रतीक्षा करूंगा। यहां भी उसे एक विशेष व्यवहार मिला, लेकिन मैं नहीं सोचता हूं कि इसका जिक्र करने का भी दम उसे होगा। वह इतना भयभीत था कि हमारे एक संन्यासी अज़ीमा का उसके साथ रात्रि भोजन के लिए जाने का कार्यक्रम निर्धारित था, लेकिन वह बस गायब हो गया। वह डर के मारे होटल में, जहां अज़ीमा उसके लिए रात्रि भोजन हेतु इंतजार कर रहा था, कभी पहुंचा ही नहीं कि अज़ीमा जरूर पूछेगा, 'भगवान के बाबत आप क्या सोचते हैं ?'

और ऐसा नहीं है कि वह मेरे बाबत सोचेगा नहीं। वह दिन-रात, चौबीसों घंटे मेरे बाबत सोचेगा। वह मुझे अपने सपनों में देखेगा क्योंकि यहां मुझे देखने से वह कतराता रहा। जब मैंने उसकी तरफ इशारा किया, वह अपने चेहरे के सामने अपने हाथ रखे रहा था। मैं विश्वास नहीं कर सका कि ऐसे कायर.... जब मैं उस तरफ से गुजरा, मैं अपनी कार की खिड़की से देख रहा था, उसने हाथ की स्थिति बदल ली थी। अब वह अपना हाथ इस तरफ रख रहा था.... ये लोग हैं जो तुम्हारे कूटनीतिक, तुम्हारे राजनीतिक, तुम्हारे पुरोहित हैं।

यदि धार्मिकता का कुछ भी अर्थ है, तो इसका अर्थ होता है निर्भयता; इसका अर्थ होता है जोखिम लेना; जो भी तुम्हारे पास है, सब कुछ जो परिचित है, अज्ञात के लिए दांव पर लगा देना। ज्ञात को छोड़ना और अज्ञात में उतरना। यह सीधा-सा कदम तुम्हें धार्मिक बनाता है। कोई दूसरे अनुशासन की जरूरत नहीं है।

मुझे उन हास्यास्पद और अजीब प्रश्नों को सतत टालना पड़ रहा है। उनका समय कभी नहीं आता। एक तो इतना अद्‌भुत है कि मैं सोचता हूं कल सुबह मैं इससे ही शुरू करूंगा।

अब कुछ चीजें गंभीरतापूर्वक चिंतन-मनन के लिए।

गोरबाचोव, मार्ग्रेट थैचर और रोनाल्ड रीगन सऊदी अरब के बादशाह के मेहमान हैं, जिसके पास एक जादुई स्विमिंग पूल है।

जादू यह है कि यदि खाली पूल में कूदते समय तुम किसी द्रव्य का नाम लो, यह तत्क्षण उसी द्रव्य से भर जायेगा।

पहले गोरबाचोव जाता है, और अपने कपड़े उतारता हुआ, वह चिल्लाता है, 'वोदका!' और पूल में कूद जाता है, जो कि चमत्कारपूर्ण ढंग से सर्वोत्तम रूसी वोदका से लबालब है।

फिर थैचर जाती है, और अपनी ब्रा और चड्ढी में कूदती-फांदती, वह चिल्लाती है, 'ह्विस्की !'

वह छपाक से सर्वोत्तम, बारह साल पुरानी स्काच से भरे पूल में उतर जाती है।

पीछे न रह जाने के लिए, रीगन अपने हाफ पैंट में पूल की ओर दौड़ता है, पूल के किनारे से ठोकर खा जाता है और सिर के बल गिरते हुए, वह चीखता है, 'ओह, शिट!'

2

नयी मनुष्यता की शुरूआत

प्यारे भगवान,

विभिन्न अवसरों पर मैंने आपको अपने कार्य की व्याख्या, 'परमात्म-जागरण का एक प्रयोग', और 'भविष्य के लिए एक आदर्श शहर' की भांति करते हुए सुना है।

फिर आपका विश्व-दौरा हुआ।

पूरी दुनिया में बढ़ती हुई संकट-स्थिति के वर्तमान संदर्भ में, अब आप अपने कार्य की व्याख्या कैसे करेंगे और जो यहां आपके पास इकट्ठे हुए हैं, उन्हें क्या घट रहा है ?

मुतरिबो, तुमने बहुत सी बातें पूछी हैं। सबसे आधारभूत बात स्मरण रखने की यह है कि यहां जो कुछ भी हो रहा है, वह कोई कार्य नहीं है। इसको कार्य कहने का अर्थ होता है तनाव, चिंता तथा असफल होने का भय। यह कोई कार्य नहीं है, बल्कि अस्तित्व के साथ एक लीलापूर्ण संबंध है।

जहां तक आज के आदमी की दुनिया का संबंध है, मैं नहीं सोचता कि लोगों को उनके ही अतीत के विरुद्ध बदलने की कुछ अधिक संभावना है। वे अतीत के परिणाम हैं और आगामी संकट-स्थिति में उनका अतीत अपने शिखर पर पहुंचेगा। लोग उस संकट स्थिति में डूब जायेंगे। मैं इस विषय में दुख महसूस करता हूं, लेकिन सत्य कहना ही होगा।

विश्व में केवल कुछ ही लोग इस जागतिक आत्मघात के बाद बचने में समर्थ होंगे, और ये वही लोग होंगे जो चेतना में गहरे में थिर हैं; सजग, सचेत, प्रेमपूर्ण हैं; और स्वयं को अतीत से पूर्णतया और बेशर्त अलग कर लेने के लिए तैयार हैं।

और एक बच्चे जैसी ताजगी लिये हुए नये मनुष्य और नयी मनुष्यता की शुरुआत के लिए तैयार हो जाओ। मैं इस बात से बहुत आनंदित हूं कि दुनिया में ऐसे बहुत से लोग हैं जो अपने आपमें गहरे जाने में सक्षम हैं। उनकी एकमात्र आशा आत्म-साक्षात्कार को उपलब्ध व्यक्ति है।

होने वाले अतिविध्वंस को रोकने के लिए कुछ भी करने में बहुत देर हो चुकी है।

यदि हम केवल थोड़े से प्रामाणिक मनुष्यों को बचा सकें, तो वह काफी होगा, जरूरत से अधिक होगा। मनुष्यता का अतीत नितांत सांयोगिक रहा है; वे बिना उनके परिणामों को जाने, चीजों को करते रहे हैं। अब हम उन परिणामों को भुगत रहे हैं और उन परिणामों को बदलने का कोई उपाय नहीं है।

उदाहरण के लिए पृथ्वी पर पूरे जीव-पर्यावरण संतुलन को नष्ट कर दिया गया है। जीवन अलग-अलग द्वीपों की भांति अस्तित्व नहीं रखता है; एक अकेला आदमी भी एक द्वीप नहीं है। हर चीज अंदर से जुड़ी हुई है। तुमने ये दो शब्द सुने हैं, 'परतंत्रता' और 'स्वतंत्रता'। दोनों अवास्तविक हैं; वास्तविकता है 'परस्पर-तंत्रता'। हम सब एक-दूसरे पर इतने परस्पर निर्भर हैं—न केवल एक मनुष्य दूसरे मनुष्य पर, न केवल एक राष्ट्र दूसरे राष्ट्र पर, बल्कि वृक्ष और मनुष्य, पशु और वृक्ष, पक्षी और सूर्य, चांद और सागर....हर चीज अंदर से जुड़ी हुई है। और मनुष्यता के अतीत में इस विषय पर कभी यूं नहीं सोचा गया है, कि यह एक ही ब्रह्मांड है। वे हर चीज को अलग-अलग लेने के ढंग में ही सोचते रहे। अतीत में इस भांति सोचना असंभव था कि आदमी और वृक्ष जुड़े हुए हैं, कि वे परस्पर निर्भर हैं।

तुम वृक्षों के बिना नहीं जी सकते हो, और न वृक्ष तुम्हारे बिना जी सकते हैं। लेकिन बहुत देर हो चुकी है। सौ साल पुराने, दो सौ साल पुराने, यहां तक कि चार सौ साल पुराने वृक्ष, सभी प्रकार के मूढ़तापूर्ण अखबारों के लिए, अखबारी कागज बनाने के लिए नष्ट किये जा रहे हैं और काटे जा रहे हैं, बिना कभी यह सोचे-विचारे भी कि तुम क्या कर रहे हो। तुम उनकी जगह न भर सकोगे।

सिर्फ नेपाल में....दुर्भाग्यवश यह विश्व में सबसे गरीब देश है। इसके पास शाश्वत हिमालय और अतिप्राचीन और पुराने घने जंगलों के सिवाय कुछ भी नहीं है। यह अपने जंगलों को विभिन्न देशों को बेचता रहा है—यही एकमात्र चीज है जो वह बेच सकता है। पिछले तीस वर्षों में नेपाल के आधे वृक्ष गायब हो चुके हैं, और आने वाले तीस वर्षों के लिए सोवियत यूनियन ने शेष जंगल के अधिकार खरीद लिये हैं। और वे वृक्षों को कुल्हाड़ियों द्वारा पुराने ढंग से नहीं काट रहे हैं, बल्कि बहुत आधुनिक तकनीक द्वारा काट रहे हैं जिससे कि एक ही दिन में हजारों वृक्ष गायब हो जाते हैं। मीलों-मीलों जमीन रेगिस्तान हो रही है।

ये वृक्ष नदियों को हिमालय से अत्यधिक तीव्रगति से उतरने से रोक रहे थे, क्योंकि नदियों को इन सब वृक्षों से होकर गुजरना होता था, और हर वृक्ष वेग को रोक रहा था;

पानी के बहाव को धीमा कर रहा था। जिस समय वे बांगलादेश पहुंचतीं, जहां वे सागर से मिलतीं, तो बह कर आने वाले पानी की मात्रा ठीक उतनी ही होती थी जितना कि सागर समा सकता था।

लेकिन अब वे वृक्ष गायब हो चुके हैं। नदियां इतनी तीव्र शक्ति से और पानी की इतनी मात्रा के साथ आ रही हैं, कि इतनी जल्दी सागर इसे अपने में समाहित नहीं कर सकता। यह उसे वापस लौटा देता है, और बांगलादेश लगातार हर साल भयंकर बाढ़ों की मुसीबत झेल रहा है। आश्चर्यजनक बाढ़ें—पीछे की तरफ बहती हुई नदियां क्योंकि सागर उतना पानी अपने में नहीं समाहित कर सकेगा। वे बांगलादेश की सभी फसलें बरबाद कर देती हैं। बांगलादेश गरीब है और ये बाढ़ें हजारों आदमियों, हजारों पशुओं की जानें ले रही हैं, हजारों घर उजाड़ रही हैं। और अब बांगलादेश कुछ भी नहीं कर सकता है। उसके लिए नेपाल को यह कहना उसकी शक्ति के बाहर है, 'कृपया वृक्षों को न काटें।'

पहली तो बात कि यदि नेपाल वृक्ष काटना बंद भी कर देता है तो भी गलती तो पहले ही हो चुकी है। और दूसरी बात नेपाल उन पेड़ों का काटना नहीं रोक सकता है, इसने आने वाले तीस वर्षों के लिए उन्हें बेच दिया है। इसने अपने जिंदा रहने के लिए पैसे ले लिये हैं।

एक इसी प्रकार की स्थिति विश्व के कई अन्य क्षेत्रों में है। बहुत सी गैसें हैं जो हमारे कारखानों से पैदा हुई हैं, जिसने कि हमें एक अजीब मामले की तरफ सजग किया है : वे गैसें ऊपर उठती हैं और एक प्रकार की आक्सीजन, ओजोन नामक गैस की एक विशेष पर्त में छेद कर देती हैं। यह पर्त पूरे वायुमंडल के पार, दो सौ मील ऊपर पूरी पृथ्वी को घेरे हुए है। यह ओजोन मनुष्यता के लिए, पशुओं के लिए, वृक्षों के लिए सर्वथा आवश्यक है, क्योंकि सभी सूर्य-किरणें जीवन-दायी नहीं हैं। कुछ ऐसी सूर्य-किरणें हैं जो जीवन-विरोधी हैं। ओजोन गैस की पर्त उन जीवन-विरोधी किरणों को वापस लौटा देती है और केवल जीवन-दायी किरणों को आने देती है। अब उन गैसों द्वारा बड़े-बड़े छेद निर्मित हो रहे हैं जो कि हमारे कारखाने, उद्योग पैदा करते हैं, और उन छेदों से मृत्यु-किरणें हमारे वायुमंडल में प्रवेश कर रही हैं।

यह धरती इतनी बीमार कभी नहीं रही है। इसे नयी बीमारियों का इतना खतरा पहले कभी नहीं था। अब न्यस्त स्वार्थ सुनने के लिए तैयार नहीं हैं, कि या तो इन कारखानों को बंद किया जाए या इनका कोई विकल्प खोजा जाए। और वैज्ञानिक

केवल अधिक-अधिक युद्ध-सामग्री बनाने में व्यस्त हैं। कोई सरकार उन्हें सहयोग देने को तैयार नहीं है ताकि वे अधिक ओजोन बना सकें और खाली स्थानों को भर सकें, जो अनजाने में हमने खुद ही बनाये हैं।

मेरा जोर यह है कि हमारी समस्याएं अंतर्राष्ट्रीय हैं और हमारे हल राष्ट्रीय हैं। कोई राष्ट्र उनको हल करने में सक्षम नहीं है। मैं इसे एक महान चुनौती और एक महान अवसर के रूप में लेता हूं। राष्ट्रों को एक विश्व सरकार में विलीन हो जाना चाहिए। द्वितीय विश्व युद्ध के पहले लीग आफ नेशंस द्वारा इसका प्रयास किया गया था, लेकिन वह सफल न हो सका। वह सिर्फ एक वाद-विवाद क्लब ही बना रहा। द्वितीय विश्वयुद्ध ने लीग आफ नेशंस की विश्वसनीयता ही नष्ट कर दी, लेकिन जरूरत है, इसलिए उन्हें संयुक्त राष्ट्र संघ, यू. एन. ओ. का गठन करना पड़ा। लेकिन यू. एन. ओ. भी उतना ही असफल है जितना लीग आफ नेशंस था। पुनः यह अभी भी एक वाद-विवाद क्लब ही है, क्योंकि इसके पास अपनी कोई शक्ति नहीं है। यह कुछ भी लागू नहीं कर सकता है, यह सिर्फ एक औपचारिक क्लब है।

मैं एक विश्व सरकार चाहूंगा। सभी राष्ट्रों को अपनी सेनाएं, अपने हथियार विश्व सरकार को सौंप देने चाहिए। निश्चित ही यदि एक विश्व सरकार है, तो न सेनाओं की जरूरत है, न हथियारों की। किसके साथ तुम युद्ध करनेवाले हो ? किसी भी प्रकार के युद्ध के लिए ग्रहों में निकटतम पड़ोसी खोजना लगभग असंभव है।

राष्ट्रों का समय जा चुका है, लेकिन वे बने हुए हैं—और वे ही सबसे बड़ी समस्या हैं। विश्व को एक विहंगम दृष्टि से देखने पर एक अद्‌भुत खयाल आता है : हमारे पास सब कुछ है, सिर्फ हमें एक मनुष्यता की जरूरत है।

भारत के पास इतना कोयला है। और कोयला एक दिन में नहीं बनता, लकड़ी को कोयला बनने में लाखों वर्ष लगते हैं। फिर और लाखों-लाखों वर्षों के बाद वही कोयला हीरा बन जाता है। जिस तत्व से हीरा और कोयला बनते हैं वह एक ही है। यह कोयला ही है जो लाखों वर्षों के दबाव में दुनिया की कठोरतम चीज, हीरा निर्मित करता है।

भारत के पास इतना अधिक कोयला है; रूस के पास कोयला बिलकुल नहीं है, लेकिन उनका गेहूं का उत्पादन अत्यधिक है। भारत की आधी जनसंख्या भूखी मरती है, इसे जरूरत है गेहूं की, निश्चित ही यह कोयला नहीं खा सकती। लेकिन सोवियत यूनियन में वे रेलवे ट्रेनों में कोयले के स्थान पर गेहूं जला रहे हैं, क्योंकि उनके पास

कोयला नहीं है, लेकिन उनके पास फसलों का, फलों का अति विकसित तकनीक से उत्पादन किया जाता है। उनके लिए गेहूं जलाना आसान है, लेकिन वे नहीं जानते हैं कि वे लाखों लोगों को जला रहे हैं जो कि मर रहे हैं, क्योंकि उनके पास खाने को कुछ भी नहीं है।

समस्याएं विश्व-व्यापी हैं।

समाधानों को भी विश्व-व्यापी होना होगा।

और मेरी समझ बिलकुल स्पष्ट है, कि चीजें ऐसी हैं....कि कहीं उनकी जरूरत नहीं है और कहीं जीवन उन पर ही निर्भर है। विश्व सरकार का मतलब है इस पृथ्वी की पूरी स्थिति को देखना और चीजों को वहां स्थानांतरित करना जहां उनकी जरूरत है। यह मनुष्यता एक है।

इथोपिया में प्रतिदिन एक हजार लोग मर रहे थे और यूरोप में वे अरबों-खरबों डालर मूल्य का भोजन समुद्र में डुबो रहे थे, क्योंकि उनके पास उत्पादन की बेहतर तकनीक है। कोई भी बाहर से देखकर सोचेगा कि मनुष्यता विक्षिप्त है। हजारों लोग मर रहे हैं और मक्खन और अन्य भोज्य पदार्थों के पहाड़ के पहाड़ समुद्र में फेंके जा रहे हैं। पिछली बार जब अमेरिका ने अपने भोज्य पदार्थ फेंके, तो इसको सिर्फ फेंकने का खर्च दो अरब डालर था। यह उन पदार्थों की कीमत नहीं थी, यह सिर्फ इसको समुद्र तक ढोने और फेंकने की लागत थी।

और अमेरिका में खुद ही तीन करोड़ भिखारी सड़कों पर हैं। यह किसी अन्य को देने का भी सवाल नहीं है, यह अपने ही लोगों को देने का सवाल है, लेकिन समस्या जटिल हो जाती है, क्योंकि यदि तुम तीन करोड़ लोगों को मुफ़्त भोजन देना शुरू कर दो, तो दूसरे पूछना शुरू कर देंगे, 'हम क्यों अपने भोजन की कीमत चुकायें ?' तब चीजों की कीमतें नीचे जायेंगी। कीमतों के नीचे जाने से, किसान फिर उत्पादन में उत्सुक नहीं होंगे। मतलब क्या है ? अर्थव्यवस्था गड़बड़ा जाने के डर से वे तीन करोड़ लोगों को गलियों में मरने देते हैं और अतिरिक्त भोज्य-पदार्थ को समुद्र में फेंकते जाते हैं।

केवल इतना ही नहीं, ठीक तीन करोड़ लोग अमरीकी अस्पतालों, नर्सिंग होमों में अतिभोजन से मर रहे हैं। उन्हें घरों में रहने की अनुमति नहीं दी जा सकती है, क्योंकि घर में इन लोगों से फ्रिज को बचाकर रखना बहुत कठिन है। वे मर रहे हैं क्योंकि वे बहुत अधिक खाते हैं, और गलियों में लोग मर रहे हैं क्योंकि उनके पास

कुछ भी खाने को नहीं है। ठीक उतनी ही संख्या : तीन करोड़ अतिभोजन से मर रहे हैं और तीन करोड़ ही बिना भोजन के मर रहे हैं। एक छोटी-सी समझ से छह करोड़ लोग तुरंत बचाये जा सकते हैं।

लेकिन विश्व को संपूर्ण, एक इकाई की भांति देखने के लिए एक विहंगम दृष्टि की जरूरत है। हमारी समस्याएं हमें एक ऐसी स्थिति पर ले आई हैं जहां या तो हमें आत्मघात करना होगा या हमें आदमी को उसकी पुरानी परंपराओं से, उसके संस्कारों से रूपांतरित करना होगा। आदमी ने अभी तक जिन संस्कारों, और जिन शिक्षा प्रणालियों, जिन धर्मों का अनुसरण किया है, वे इस संकट की स्थिति के लिए भागीदार हैं। यह जागतिक आत्मघात हमारी सभी संस्कृतियों, हमारे सभी दर्शनों, हमारे सभी धर्मों की चरम निष्पत्ति है। उन सबने इसमें सहयोग किया है—अद्‌भुत तरीकों से, क्योंकि किसी ने कभी पूरे विश्व के बाबत नहीं सोचा; हर कोई एक छोटे टुकड़े को देख रहा था, बिना पूरे विश्व की बाबत चिंता किये।

उदाहरण के लिए, भारत में जैन सिर्फ व्यापार करते हैं। वे कृषि नहीं करते, लेकिन उन्हें भोजन की जरूरत है। वे कृषि नहीं कर सकते हैं क्योंकि उनके तीर्थंकर ने उन्हें कहा है कि यदि तुम कृषि करते हो, तुम्हें पौधों को काटना होगा और पौधों में जीवन है, और उनकी शिक्षा है अहिंसा। इसीलिए वे योद्धा नहीं हो सकते, वे कृषक नहीं हो सकते, और अवश्य ही कोई भी सफाई करने वाला, झाड़ू लगानेवाला नहीं होना चाहता—क्योंकि भारत में ये लोग करीब-करीब अमानुष की भांति निंदित हैं।

इसलिए जैनों के लिए एकमात्र विकल्प बचा था व्यापार करना, चीजें बेचना, पैसा इकट्ठा करना। उनकी सब हिंसा उनका लोभ बन गयी। यही कारण है कि वे ही एकमात्र लोग हैं भारत में जिनमें भिखारी नहीं हैं; वे भारत में समृद्धतम लोग हैं। लेकिन यह एक प्रकार से समाज का खून चूसना है। अन्य सभी चीजें किसी अन्य द्वारा की जा रही हैं और धन किसी न किसी प्रकार उन हाथों में पहुंचता जाता है जो कुछ भी नहीं करते हैं।

महावीर ने सिर्फ अपने दर्शन के विषय में सोचा, लेकिन उन्होंने यह कभी नहीं सोचा कि वह दर्शन सार्वभौमिक नहीं हो सकता। और वह जो सार्वभौमिक नहीं हो सकता, सत्य नहीं हो सकता। लोगों को खेती करनी ही होगी, और निश्चित ही पौधों को काटना ही पड़ेगा, फसलों को काटना ही पड़ेगा। और सिर्फ यह न करने से इस

हिंसा से बचा नहीं जा सकता है। इसे कोई और तुम्हारे लिए कर रहा है।

और दुनिया में चारों तरफ हालत ऐसी ही है। हर किसी ने जिंदगी का एक खास हिस्सा ले लिया है, शेष हिस्सों की उपेक्षा करते हुए जो कि इससे आधारभूत रूप से जुड़े हुए हैं। ऐसे लोग हैं.... उदाहरण के लिए, वह आदमी जिसने नोबल पुरस्कार समिति का गठन किया, प्रथम विश्व युद्ध के दौरान सबसे बड़ा आयुध निर्माता था। युद्ध सामग्री के उत्पादन से उसने इतना अधिक धन कमाया कि उसने शांति के लिए एक नोबल पुरस्कार का गठन किया।

धन इतना अधिक है कि प्रतिवर्ष दर्जनों नोबल पुरस्कार दिये जाते हैं—हर नोबल पुरस्कार के साथ बाइस लाख रुपये भी दिये जाते हैं—और यह सब केवल उस धन के ब्याज से आता है। मूलधन तो स्विटजरलैंड के बैंकों में ही रहता है। इस भांति प्रतिवर्ष नोबल पुरस्कारों का वितरण हमेशा जारी रहेगा—कला के लिए, शांति के लिए, महान काव्य के लिए, विज्ञान....।

और जिस आदमी ने इतना धन पैदा किया, उसने यह धन युद्ध-सामग्री के उत्पादन से पैदा किया था। पूरा प्रथम विश्व युद्ध उसके ही हथियारों से लड़ा गया था—दोनों पक्ष उससे ही खरीद रहे थे। वह हथियारों का सबसे बड़ा उत्पादक था। उन सभी लोगों के लिए जो प्रथम विश्वयुद्ध में मरे, वह जिम्मेवार था।

वही आज हो रहा है। कोई भी आनेवाली संकट की स्थिति में उत्सुक नहीं है, जो कि बहुत दूर नहीं है। यह शताब्दी सिर्फ बारह वर्षों में समाप्त होनेवाली है। बारह वर्ष कोई लंबा समय नहीं है; करीब-करीब यहां मौजूद सभी लोग इस शताब्दी की समाप्ति देख सकेंगे। तुम सौभाग्यशाली होओगे यदि तुम इस पृथ्वी पर जीवन का ही अंत नहीं देखते हो। पूरी पृथ्वी को विनष्ट करने की तैयारियां जारी हैं। और जो लोग यह कर रहे हैं, इसे बड़े-बड़े नामों की आड़ में कर रहे हैं—राष्ट्र, धर्म, राजनीतिक धारणाएं, कम्युनिज्म।

ऐसा लगता है आदमी इन्हीं सब प्रकार की चीजों के लिए है—कम्युनिज्म, लोकतंत्र, समाजवाद, फासिज्म। सच्चाई यह होनी चाहिए कि हर चीज आदमी के लिए होनी चाहिए, और यदि यह आदमी के विरुद्ध जाती हो तो इसका कतई अस्तित्व नहीं होना चाहिए।

मनुष्यता का पूरा अतीत मूढ़तापूर्ण धारणाओं से भरा है, जिनके लिए लोग जेहाद करते रहे हैं, जान लेते रहे हैं, हत्याएं करते रहे हैं, लोगों को जिंदा जलाते रहे हैं। हमें

यह सब पागलपन छोड़ना होगा।

यदि राष्ट्र विदा हो जाते हैं, तो दूसरी बड़ी बीमारी है धर्म, क्योंकि वे लड़ते रहे हैं, वे हत्याएं करते रहे हैं, और ऐसे कारणों के लिए जिनमें वास्तव में कोई भी उत्सुक नहीं है। मैं ऐसे एक भी आदमी से कभी नहीं मिला जो सच में परमात्मा में उत्सुक हो। यदि तुम उसके एक हाथ में पांच रुपये दो और दूसरे हाथ में परमात्मा, वह पांच रुपये ले लेगा और वह कहेगा, 'परमात्मा शाश्वत है, हम बाद में देख लेंगे। अभी तो पांच रुपये सुविधाजनक होंगे।'

पुरोहितों के सिवाय परमात्मा में कौन उत्सुक है? क्योंकि उनका तो यह धंधा है, और वे चाहते हैं कि उनका धंधा फले-फूले।

जब अमेरिका में मुझे प्रताड़ित किया जा रहा था, एक जेल से दूसरी जेल ले जाया जा रहा था, मेरा हवाईजहाज एक सुंदर शहर, साल्ट लेक सिटी के ऊपर से गुजरा। रात में यह अत्यंत सुंदर दिखता था, बहुत सुनियोजित। यह एक विशेष ईसाई संप्रदाय मॉरमन्स द्वारा बहुत प्रतिभापूर्ण ढंग से संचालित है। अमेरिका में उनके प्रधान की हत्या कर दी गयी थी, गोली मार दी गयी थी क्योंकि मॉरमन्स प्राचीन रूढ़िवादी ईसाइयत के विपरीत कुछ सिखा रहे थे। वे कह रहे थे कि उनके प्रेसीडेंट, उनके प्रधान का परमात्मा से सीधा संपर्क है। यह मंजूर नहीं किया जा सकता। केवल पोप का परमात्मा के साथ सीधा संपर्क है।

अब सभी प्रकार के मूढ़ प्रधान बन जाते हैं। और चूंकि उसे गोली मारी गयी और मार डाला गया—यह हमेशा होता है—अनुयायी बहुत धर्मोन्मत्त हो गये। उन्होंने ही यह साल्ट लेक सिटी बनाई। साल्ट लेक सिटी में अट्ठानबे प्रतिशत लोग मॉरमन्स हैं और पूरी दुनिया में लाखों अन्य मॉरमन्स हैं। और प्रत्येक मॉरमन्स का यह कर्तव्य है : कम से कम एक डालर प्रतिदिन साल्ट लेक सिटी को भेजना, जो कि उनके धर्म का मुख्यालय है। दस लाख डालर प्रतिदिन साल्ट लेक सिटी पहुंचते हैं।

और उन दस लाख डालरों का किया क्या जाता है? साम्राज्य फैल रहा है; साल्ट लेक सिटी करीब-करीब एक बड़ा साम्राज्य बनता जा रहा है। और लोग जो इसमें विश्वास करते हैं इतने मतांध हैं—होंगे ही, क्योंकि उनका प्रधान वैसी ही मूढ़तापूर्ण चीजें कह रहा था जैसी जीसस कह रहे थे। और यदि जीसस इतनी बड़ी ईसाइयत पैदा कर सके....। वे अपना प्रेसीडेंट चुनते हैं और प्रत्येक प्रेसीडेंट—चुने जाने के बाद—परमात्मा के साथ सीधा संपर्क रखता है, और वह जो भी आदेश देता है,

पालन करने होते हैं।

मैंने मॉरमन्स और उनके शहर के विषय में यह सब नहीं जाना होता....सिर्फ संयोग से, क्योंकि आरेगान में जहां हमारा कम्यून था, तीन मजिस्ट्रेटों को यह तय करना था कि रजनीशपुरम को एक शहर का दर्जा देना या नहीं, और उनमें से एक मॉरमन था। और वह उन तीनों में सर्वाधिक प्रभावशाली था। एक विरोध में था; दूसरा उधेड़बुन में था, लेकिन मॉरमन के कारण उसने शहर के पक्ष में वोट दिया।

वह मॉरमन जज कम्यून आया करता था और उसको वह स्थान प्रीतिकर था। और उसने स्वयं ही मेरी सेक्रेटरी को कहा, 'आपको सजग और सचेत रहना चाहिए, क्योंकि जो हमारे प्रधान के साथ हुआ....हम किसी का कुछ नुकसान नहीं कर रहे थे, लेकिन हमारे प्रधान को गोली मार दी गयी। और जिस व्यक्ति का अनुसरण आप कर रही हैं, वह इतनी तिलमिला देने वाली बातें कह रहा है कि हमेशा खतरा मौजूद है।'

और हुआ क्या ? इस मॉरमन जज के कारण शहर को मान्यता मिली। दो वर्षों तक शहर अमेरिका के नक्शे में भूगोल की किताबों में था। किसी भी अन्य शहर की तरह, इसको संघीय सरकार धन दे रही थी, राज्य सरकार इसे धन दे रही थी।

उन्होंने एक बहुत धूर्ततापूर्ण चाल चली। उन्होंने मॉरमन्स के प्रेसीडेंट को इस जज को एक संदेश भेजने के लिए फुसलाया, संदेश था कि 'मिशनरी काम हेतु नाइजीरिया जाने के लिए तुम परमात्मा द्वारा चुने गये हो।'

मैंने उसे एक पत्र लिखा, यह कहते हुए, 'यह बहुत अजीब बात है कि पूरी दुनिया में परमात्मा ने तुम्हें ही नाइजीरिया जाने के लिए चुना है। मुझे संदेह है कि इसके पीछे राजनीति है। रोनाल्ड रीगन तुमको इस जगह से हटाना चाहता है। तुम्हें हटाने का एकमात्र रास्ता है : परमात्मा का एक सीधा आदेश।'

और सच में जैसी मैंने कल्पना की थी, वही हुआ। जिस क्षण वह हटा दूसरे व्यक्ति की नियुक्ति हुई और तीनों जजों ने तय किया कि शहर अब एक शहर न था। यही तो रोनाल्ड रीगन और उनकी सरकार चाहती थी : पहले मान्यता वापस ले लो, तो इसको नष्ट करना आसान है। और उन्होंने इसे नष्ट कर दिया। और मैंने मजिस्ट्रेट को संदेश भेजा : 'इस विध्वंस के लिए तुम जिम्मेवार होओगे। तुम नहीं समझते कि यह एक राजनीतिक चाल है।'

एक वर्ष बाद जब वह वापस आया, तो उसने स्वीकार किया कि कुछ गलत हुआ

है। जिन लोगों ने कम्यून को नष्ट किया, वे उस मजिस्ट्रेट से भी नाराज थे, उसने यह भी जान लिया था। जब वह नाइजीरिया से वापस आया तो उन्होंने उसको पकड़ा, और उसके विरुद्ध एक मामला बनाया कि उसने हमसे घूस ली थी। और घूस क्या थी ?

उसके पास पचास गायें थीं। शहर को मान्यता मिल चुकने के बाद जब वह नाइजीरिया जा रहा था, तब वह उन गायों को कहीं छोड़ जाना चाहता था और हम कम्यून के लिए गायें, मुर्गियां सभी प्रकार की चीजें खरीद रहे थे। और वह उनको सस्ते से सस्ता बेचने के लिए तैयार था; वह तो उनको सहयोग रूप में दे देने के लिए भी तैयार था।

चूंकि वे पचास गायें हमने खरीद लीं, उसे कोर्ट में घसीटा गया : 'तुमने शहर को मान्यता प्रदान की क्योंकि उन लोगों ने तुम्हारी गायें खरीदीं।' वे गायें कहीं भी बेची जा सकती थीं और बड़ा मजा है कि वे गायें शहर को मान्यता मिलने के बाद, महीनों बाद खरीदी गयी थीं।

जब उसे परमात्मा से ही सीधा आदेश मिला है, तो अब वह पचास गायों का करेगा क्या ? उनको वह कहां ले जायेगा ? और इतनी जल्दी कोई खरीददार कहां ढूंढ़ना ? क्योंकि उसे कहा गया था, 'तुरंत, नाइजीरिया जाओ !' और उसने सोचा कि हमें उनकी जरूरत थी—और हमें जरूरत थी ही।

उन्होंने उससे बदला निकाला। उन्होंने उसे उसके पद से हटा दिया, उसकी नौकरी चली गयी और फिर घूस लेने के लिए उसकी भर्त्सना भी हुई।

मुझे मॉरमन्स के विषय में जानकारी इस जज की वजह से हुई, जब मैंने सुना कि परमात्मा ने एक सीधा संदेश भेजा है। लेकिन परमात्मा भी कैसा पागल है। वह हिंदुओं को अलग संदेश भेजता रहता है, मुसलमानों को उससे विपरीत, ईसाइयों को उससे भी विपरीत। यहां तक कि ईसाइयों के विभिन्न संप्रदायों को भी अलग-अलग संदेश। या तो बहुत से परमात्मा, हैं या फिर बहुत से धोखेबाज हैं। और ये लोग ये संदेश प्राप्त कैसे करते हैं ? कोई भी कोई प्रमाण तो देता नहीं। और वे मारते रहे हैं, काटते रहे हैं, सभी प्रकार की अमानवीय बातें करते रहे हैं। उन्होंने ही इस एक मानवता को नष्ट कर दिया है, इसे टुकड़ों में बांट दिया है।

प्रथम तो यदि दुनिया को बचना है तो राष्ट्र विदा हो जाने चाहिए; दूसरे, धर्म विदा हो जाने चाहिए। एक मानवता काफी है। भारत और इंगलैंड और जर्मनी की कोई

जरूरत नहीं है। और सिर्फ धार्मिकता पर्याप्त है : ध्यान, सत्य, प्रेम, प्रामाणिकता, ईमानदारी, जिसे किसी नाम की जरूरत नहीं है—हिंदू, ईसाई, मुस्लिम नहीं—सिर्फ एक धार्मिकता, एक गुणधर्म की भांति, कोई संगठनात्मक बात नहीं। जैसे ही संगठन आता है, हिंसा होने ही वाली है, क्योंकि दूसरे संगठन संघर्ष में होंगे।

हमें बिना किसी संगठनों के, वैयक्तिक लोगों के एक विश्व की जरूरत है। हां, लोग जो समान भाव, समान खुशियां, समान आनंद रखते हों, आपस में मिल बैठ सकते हैं, लेकिन कोई संगठन कोई पदानुक्रम, कोई नौकरशाही नहीं होनी चाहिए।

पहले तो राष्ट्र, दूसरे फिर धर्म (विदा हो जाने चाहिए) और तीसरी बात है विज्ञान जो और अधिक जीवन को, श्रेष्ठतर जीवन को, श्रेष्ठतर प्रतिभा को और अधिक सृजनात्मकता को पूर्णतया समर्पित हो, न कि और अधिक युद्धों के लिए, विध्वंस के लिए हो। यदि ये तीन बातें संभव हों, तो पूरी मनुष्यता को इसके अपने ही धार्मिक, राजनैतिक, सामाजिक नेताओं के द्वारा विनष्ट किए जाने से बचाया जा सकता है।

एक प्रकार से यह संकट-स्थिति अच्छी है क्योंकि यह लोगों को चुनने के लिए बाध्य करेगी। क्या तुम मरना चाहते हो या तुम एक नया जीवन जीना चाहते हो ?

अतीत के प्रति मर जाओ, वह सब छोड़ दो जो अतीत से विरासत की तरह मिला है और एक नयी शुरुआत करो, जैसे कि तुम इस पृथ्वी पर पहली बार उतरे हो। और फिर प्रकृति के साथ काम करना शुरू करो, एक दुश्मन की भांति नहीं बल्कि एक मित्र की भांति। और शीघ्र ही जीव-पर्यावरण-संबंध पुनः एक जैविक इकाई की तरह काम करने लगेगा। इसके नुकसान दूर किये जा सकते हैं; पृथ्वी को अधिक हरा-भरा बनाना कठिन नहीं है।

यदि बहुत से वृक्ष काट डाले गये हैं, तो और भी अधिक पेड़ लगाये जा सकते हैं। और वैज्ञानिक सहायता से वे जल्दी बढ़ सकते हैं, उनकी हरीतिमा अधिक बेहतर हो सकती है। नदियों में विभिन्न प्रकार के बांध बनाये जा सकते हैं ताकि वे बांगलादेश जैसे गरीब देशों में बाढ़ें न लायें। वही पानी बहुत अधिक बिजली पैदा कर सकता है और हजारों गांवों को रातों में प्रकाश और कड़कड़ाती ठंड में ऊष्मा की व्यवस्था करने में सहायता कर सकता है।

यह एक सरल-सी बात है। सभी समस्याएं सरल हैं। लेकिन दिक्कत मूल आधार की है। वे तीन बातें हर प्रकार से बचे रहने का प्रयास करेंगी, पूरे विश्व के विलीन हो जाने की कीमत पर भी। वे इस विलीनीकरण के लिए तैयार हो जायेंगे, लेकिन वे

यह घोषणा करने के लिए तैयार न होंगे कि 'हम एक विश्व संगठन को हमारी सब सेनाएं, हमारे सब हथियार समर्पित करते हैं।'

राष्ट्रों का कार्य केवल इतना रहेगा : रेलवे लाइन, पोस्ट आफिस, एक छोटा पुलिस दल आंतरिक मामलों की देखभाल के लिए। लेकिन सेनाओं की कोई जरूरत नहीं है। सेनाओं में लाखों लोग लगे हुए हैं जो कि बेकार है। वे सृजनात्मक विधाओं में, कृषि में, बागवानी में लगाये जा सकते हैं। और वे प्रशिक्षित लोग हैं, वे ऐसे कार्य कर सकते हैं जो और दूसरे लोग नहीं कर सकते। एक सेना कोई पुल इतनी जल्दी बना सकती है—वही इसका प्रशिक्षण है। यह लोगों के लिए अधिक घर बना सकती है।

और अब विज्ञान—यदि यह केवल युद्ध में और युद्ध सामग्री के उत्पादन में ही संलग्न न हो—इतना खाद्य पैदा करने में समर्थ है कि इस पृथ्वी पर आज जितने लोग हैं उससे पांच गुना अधिक लोग खुशहाली से जी सकते हैं। आज केवल पांच अरब लोग हैं। पच्चीस अरब लोग बिना भूख के, बिना बीमारियों की परेशानी के, आनंदपूर्वक जी सकते हैं। लेकिन विज्ञान को राष्ट्रों के हाथों से छुड़ाया जाना चाहिए, जो कि अपने वैज्ञानिकों को और युद्ध सामग्री बनाने के लिए बाध्य कर रहे हैं। वैज्ञानिक लगभग कैदियों की तरह कार्य कर रहे हैं।

और मैं यह चाहता हूं कि पूरी दुनिया को यह बात पता चले : यदि तुम एक होने के लिए तैयार नहीं हो, तो इस ग्रह से विदा होने के लिए तैयार रहो। लेकिन मैं आशा करता हूं ऐसे बुद्धिमान लोग हैं जो बचना चाहेंगे, जो इस सुंदर ग्रह को विकसित कर और सुंदर होने देना चाहेंगे, जो इस मनुष्यता को और अधिक बुद्धिमत्ता में विकसित होने देना चाहेंगे। मुझे डर है कि शायद पूरी मनुष्यता उस खतरे के प्रति जरा भी जागरूक नहीं है, जो कि हर क्षण समीप आ रहा है।

मुतरिबो, तुम मुझसे पूछ रहे हो, "विभिन्न अवसरों पर मैंने आपको अपने कार्य को 'परमात्म-जागरण का एक प्रयोग' की भांति ।" यह अब भी वही है। मैं अभी भी तुम्हारे भीतर की दिव्यता, तुम्हारे भीतर के परमात्मा को जगाने का प्रयास कर रहा हूं...और अधिक चेतना, और अधिक प्रकाश, और अधिक जीवंतता, और अधिक आनंद।

दुखी लोग खतरनाक हैं, सिर्फ इस कारण कि उन्हें परवाह नहीं है कि पृथ्वी बचती है या नहीं। वे इतने दुखी हैं कि गहरे में वे यही सोच सकते हैं कि यही बेहतर है कि

सब कुछ खत्म ही हो जाये। यदि तुम दुख में जी रहे हो तो कौन परवाह करता है ? केवल खुश लोग, आनंदित लोग, नाचते लोग इस ग्रह को हमेशा-हमेशा के लिए बचाना चाहेंगे। इसलिए मेरा तो वही प्रयास जारी है : परमात्म-जागरण का एक प्रयोग।

"... और 'भविष्य के लिए एक आदर्श शहर।' दुनिया में बढ़ती हुई संकट-स्थिति के वर्तमान संदर्भ में, अब आप अपने कार्य की व्याख्या कैसे करेंगे, और जो यहां आपके इर्द-गिर्द इकट्ठे हुए हैं, उन्हें क्या घट रहा है ?"

मुतरिबो, यह वैसा ही है, कुछ भी बदला नहीं है, क्योंकि दुनिया की संकट की स्थिति नहीं बदली है। जो लोग मेरे पास इकट्ठे हुए हैं, वे सीख रहे हैं कैसे और अधिक आनंदित होना, कैसे और अधिक ध्यानपूर्ण होना, कैसे अधिक हंसना, अधिक जीना, अधिक प्रेम करना और कैसे दुनिया में चारों तरफ प्रेम और हंसी को फैलाना। नाभिकीय शस्त्रों के विरुद्ध यही एकमात्र बचाव है। यदि पूरी पृथ्वी प्रेम करना, और हंसना और मजा करना और नाचना सीख सके, तो रोनाल्ड रीगन और गोरबाचोव हक्के-बक्के दिखेंगे... हुआ क्या ?

पूरी दुनिया ऐसा लगता है विक्षिप्त हो गयी है। और जो लोग खुश हैं, संतुष्ट हैं, उन लोगों को अन्य दूसरे लोगों को मारने के लिए बाध्य नहीं किया जा सकता है, जिन्होंने कि उनका कोई नुकसान भी नहीं किया है। यह आश्चर्यजनक नहीं है कि युगों-युगों से सभी सेनाओं को काम-दमित रखा गया है, क्योंकि वे काम-दमित लोग विध्वंसक होने ही वाले हैं। उनका दमन ही उन्हें कुछ विनष्ट करने के लिए मजबूर करता है। क्या तुमने कभी अपने ही प्राणों में देखा है : जब तुम खुश हो, आनंदित हो, तुम कुछ बनाना चाहते हो; जब तुम दुखी, परेशान हो, तुम कुछ विनष्ट करना चाहते हो। यह एक बदला है। सभी सेनाएं काम-दमित रखी जाती हैं, इसलिए जिस क्षण उन्हें हत्या का मौका मिलता है वह उनकी खुशी बन जाता है। कम से कम उनकी दमित ऊर्जा निकल जाती है—निश्चित एक बहुत भद्दे ढंग से, बहुत अमानवीय ढंग से, लेकिन कुछ तो निकास है।

कभी तुमने गौर किया ? चित्रकार, कवि, मूर्तिकार, नर्तक कभी भी काम-दमित लोग नहीं होते हैं। असल में वे अतिकामुक होते हैं। वे इतना प्रेम करते हैं, वे इतने अधिक लोगों को प्रेम करते हैं। शायद एक व्यक्ति उनके प्रेम को समाहित कर लेने के लिए काफी नहीं है। वे पुरोहितों द्वारा युगों से निंदित किये गये हैं : ये कवि,

चित्रकार, मूर्तिकार, संगीतज्ञ, ये अच्छे लोग नहीं हैं। और यही केवल वे लोग हैं जिन्होंने इस मनुष्यता को कुछ सुंदर बनाया है; जिन्होंने इस विश्व को आनंद के कुछ फूल दिये हैं, कुछ संगीत के फूल, कुछ सुंदर नृत्य दिये हैं।

पुरोहितों ने विश्व के साथ क्या किया है ? उन्होंने डाइन कहकर स्त्रियों को जिंदा जलाया है, उन्होंने दूसरे मतों को मानने वाले लोगों की हत्याएं की हैं। उन्होंने पृथ्वी को समृद्ध नहीं किया है और उन्होंने जीवन को समृद्ध नहीं किया है।

इन तीन आधारभूत परिवर्तनों के साथ, हमें किसी भी आयाम के सृजनात्मक लोगों के प्रति एक गहन सम्मान की जरूरत है। और हमें अपनी ऊर्जाओं को कैसे रूपांतरण करना, यह सीखना चाहिए ताकि वे दमित न हों, वे तुम्हारे प्रेम में, तुम्हारे हास्य में, तुम्हारे आनंद में अभिव्यक्त हों। और यह पृथ्वी स्वर्ग से भी बढ़कर है। तुम्हें कहीं जाना नहीं है। लेकिन स्वर्ग ऐसा नहीं है कि जिसे पाना हो, यह कुछ ऐसा है जिसे निर्मित करना है। यह हम पर निर्भर करता है।

मुतरिबो, संकट की स्थिति साहसी लोगों को अतीत से अपने को अलग कर लेने और एक नये ढंग से जीना शुरू करने का एक अवसर देती है। कोई सुधरा रूप नहीं, अतीत से संबद्ध नहीं, अतीत से बेहतर नहीं, बल्कि एक सर्वथा नवीन ढंग। नये ढंग से संबंधित होने के रास्ते खोजो। विवाह को भूल जाओ, सोचना शुरू करो, जीवन में कैसे जिज्ञासा करें। अपने सभी विश्वास भूल जाओ, ठीक-ठीक तुम कौन हो इसकी खोज में ध्यान करना शुरू करो, क्योंकि अपने को पाकर तुमने अस्तित्व का सार ही पा लिया होगा। यह अनश्वर और शाश्वत है। और जिन्होंने इसे पाया है, उनका आनंद और उनका प्रसाद अकथनीय है।

तृतीय विश्व युद्ध को रोकने के लिए हमें पृथ्वी पर और अधिक खुश लोगों की जरूरत है। तुम मेरे उत्तर से विस्मित, आश्चर्यचकित होओगे। संभव है तुम अभी यह देखने में सक्षम न हो सको कि आणविक शस्त्रों और लोगों के हास्य के बीच क्या संबंध हो सकता है। लेकिन संबंध है। ये आणविक शस्त्र और ये विध्वंसक युद्ध-यंत्र अपने आप काम नहीं कर सकते हैं। ये मनुष्यों द्वारा कार्यरत हैं। उनके पीछे मनुष्यों के हाथ हैं।

एक हाथ जो एक गुलाब के फूल के सौंदर्य से परिचित है, हिरोशिमा पर बम नहीं डाल सकता है। एक हाथ जो प्रेम का सौंदर्य जानता है, मौत से भरी बंदूक उठानेवाला हाथ नहीं हो सकता है। केवल थोड़ा-सा सोच-विचार और मैं क्या कह

रहा हूं तुम समझ जाओगे।

मैं कह रहा हूं, हंसी फैलाओ, प्रेम फैलाओ, जीवन-विधायक मूल्य फैलाओ, पृथ्वी पर अधिक फूल उगाओ। हर सुंदर चीज की सराहना करो, हर अमानवीय चीज की भर्त्सना करो। इस पूरी पृथ्वी को राजनीतिज्ञों और पुरोहितों के हाथों से अलग कर लो और तुम विश्व को बचा लोगे, और तुम विश्व को एक नयी मानव चेतना के साथ एक पूर्णतया नये आयाम में बदल दोगे।

और यह अभी करना होगा, क्योंकि समय बहुत कम है। बीसवीं सदी के अंत तक, या तो हम मनुष्य के नये इतिहास की प्रथम सदी में प्रवेश करेंगे या कोई भी जीवित नहीं बचेगा, एक अकेला जंगली फूल तक नहीं। हर चीज मृत होगी।

सोवियत यूनियन में और शायद अमेरिका में भी मृत्यु-किरणों से संबंधित प्रयोग चल रहे हैं। एक बम डालने की बजाय, मृत्यु-किरणें फेंकना कहीं अधिक आसान है। जो कि सिर्फ जीवित लोगों, पशुओं, पक्षिओं, वृक्षों को मारती हैं। केवल मृत चीजें—मकान, मंदिर, चर्च—बच जायेंगे। यह वास्तव में एक दुःस्वप्न होगा। और वे मृत्यु-किरणें दृश्य नहीं हैं। हमें पता है कि मृत्यु-किरणों का अस्तित्व है, सिर्फ वे इसका प्रयास कर रहे हैं कि उन्हें एक अमुक लक्ष्य तक पहुंचने और उनके सामने आने वाले सभी जीवित प्राणियों को नष्ट कर देने के लिए, फेंकना कैसे?

आदमी को इन राक्षसों से मुक्त करना होगा। मुतरिबो, हमारा काम यहां लोगों को अधिक चेतना, अधिक जागरूकता, अधिक प्रेम, अधिक आनंद सिखाना है और पूरी पृथ्वी पर नृत्य और उत्सव को फैलाना है। संक्षेप में एक वाक्य में, मैं कह सकता हूं : यदि हम मनुष्यता को अधिक आनंदित कर सकें तो फिर कोई तीसरा विश्व युद्ध नहीं होने वाला है।

जिओवानी साइकिल पर सैर करना चाहता है। इसलिए वह अपने मित्र मारियो के पास जाने और साइकिल उधार मांगने के लिए पूछने की सोचता है। रास्ते में वह सोचना शुरू कर देता है, 'निश्चित ही मारियो मुझसे साइकिल सावधानीपूर्वक चलाने के लिए कहेगा, लेकिन मैं उससे कहूंगा चिंता न करो; फिर वह मुझसे कहेगा कि उसकी बहन को साइकिल चाहिए, लेकिन मैं उसको कहूंगा कि मैं समय पर वापस आ जाऊंगा; फिर मैं जानता हूं मारियो डर जायेगा और मुझे कहेगा कि साइकिल की सैर के लिए यह अच्छा मौसम नहीं है....'

तब तक जिओवानी मारियो के घर पहुंच जाता है और वह ऊपर खिड़की की तरफ देखता है और चिल्लाता है, 'हे मारियो ! जाओ, भाड़ में जाओ, तुम और तुम्हारी साइकिल दोनों !'

हैमिश मैक्टाविश ने अपने पुराने दोस्त गार्डन मैकफर्सन को चालीस साल से नहीं देखा है। इसलिए जब एक दिन वे एक गली में एक दूसरे से टकरा जाते हैं, तो वे जश्न मनाने के लिए एक निकटतम मधुशाला में जाते हैं।

'इतने वर्षों के बाद साथ-साथ पीना अद्‌भुत होगा,' गार्डन कहता है।

'हां, जरूर होगा,' हैमिश कहता है, 'लेकिन मत भूलो कि पिलाने की यह तुम्हारी बारी है।'

निर्माण-स्थल पर एक एक्सीडेंट हो गया है। शैमस उस तरफ भागता है जहां मलबे के ढेर में पैडी पड़ा है।

'पैडी, इस भयंकर रूप से गिरकर क्या तुम मर गये हो ?' शैमस पूछता है।

'हां, निश्चित मैं मर गया हूं,' पैडी उत्तर देता है।

'हे, परमात्मा !' शैमस कहता है, 'तुम ऐसे भयंकर झूठे हो कि मैं नहीं जानता कि तुम्हारा विश्वास करूं या नहीं।'

'इससे सिद्ध होता है कि मैं मर गया हूं, मूरख,' पैडी कहता है, 'अगर मैं जिंदा होता, तुम मेरे ही मुंह पर मुझे झूठा नहीं कह पाते।'

और अंतिम...

हैमिश मैक्टाविश अपनी पुरानी फोर्ड कार में सड़क पर चला आ रहा है जब एक पुलिसवाला उसे रोकता है।

'श्रीमान माफ करें,' सिपाही कहता है, 'क्या आप इस बैग में फूंक मारेंगे ?'

'बिलकुल,' हैमिश कहता है, 'आप क्या चाहेंगे मैं फिल्मी या देशी कौन सी धुन बजाऊं ?'

'नहीं, नहीं,' सिपाही कहता है, 'इस बैग से यह पता चलता है कि आपने कितनी पी रखी है।'

'ओह, उसकी तो कोई जरूरत नहीं है,' हैमिश कहता है, 'घर पर मेरा खुद का

एक मेरे पास है.... मेरी उससे शादी ही हुई है।'

नहीं, तुम्हें एक और चाहिए....

पोलक पोप बहुत बीमार है। पूरी दुनिया से उसकी बीमारी के निदान के लिए डाक्टर आते हैं, और अंततः एक छोटा-सा यहूदी मनोचिकित्सक समस्या का कारण खोज लेता है।

वह पोप को कहता है, 'हे परम पूज्य, क्योंकि आपने अपनी पूरी जिंदगी स्त्रियों से कुछ लेना-देना नहीं रखा, आपके हारमोन असंतुलित हो गए हैं और केवल एक ही इलाज संभव है। आपको अवश्य किसी स्त्री के साथ प्रेम करना चाहिए।'

'नहीं, नहीं,' पोलक पोप चीखता है, 'मैं यह नहीं कर सकता हूं, सभी संकल्प जो मैंने किए हैं.... मैं बस कर ही नहीं सकता!'

'लेकिन, परम पूज्य,' चिकित्सक उत्तर देता है, 'आप अवश्य करें, अन्यथा आप मर जायेंगे, और यह भी एक जघन्य पाप है।'

पोप अपने भाग्य के निर्णय के लिए कुछ दिनों एकांतवास में जाता है, और फिर मनोचिकित्सक को पुनः बुलवाता है।

'ठीक है,' पोलक पोप कहता है, 'मैं अपने निर्णय पर पहुंच गया हूं। जैसा तुम कहते हो मैं करूंगा। लेकिन कृपा करके जरा देख लेना कि लड़की के स्तन अच्छे बड़े-बड़े हों।'

3

पूरे जगत को प्रम से भर दो

प्यारे भगवान,

हममें से बहुत से लोग जो कुछ समय से आपके साथ हैं, एक गहराते मौन, निश्चलता और आंतरिक आनंद का अनुभव कर रहे हैं।

आपके प्रति अत्यंत अहोभाव के साथ-साथ जीवन और चेतना के इस उपहार को बचाने हेतु, अस्तित्व के प्रति एक उत्तरदायित्व का अहसास भी होता है।

सार्वभौमिक रूपांतरण और नये मनुष्य की आपकी दृष्टि को एक वास्तविकता बनाने के लिए, ऐसा लगता है कि ध्यान, प्रेम, प्रतिबद्धता और कर्म सभी जरूरी हैं। मौन और ध्यानपूर्ण रहते हुए सक्रियता में उतरना कभी-कभी कठिन महसूस होता है।

क्या आप हमें वू-वेई, अकर्म से कर्म के विषय में बतायेंगे?

आनंद झेनो, तुमने अपने प्रश्न में कई महत्वपूर्ण विषय उठाये हैं।

सबसे पहले तुम कहते हो, 'हममें से बहुत से लोग जो कुछ समय से आपके साथ हैं, एक गहराता मौन, निश्चलता और आंतरिक आनंद का अनुभव कर रहे हैं। आपके प्रति अत्यंत अहोभाव के साथ-साथ, जीवन और चेतना के इस उपहार को बचाने हेतु, अस्तित्व के प्रति एक उत्तरदायित्व का एहसास भी होता है।'

उत्तरदायित्व, 'रिस्पान्सिबिलिटी' शब्द का हमेशा एक गलत ढंग से उपयोग किया गया है। यह बोझ का अहसास देता है। यह तुम्हें करना ही है, यह एक फर्ज है; यदि तुम यह नहीं करते, तुम ग्लानि अनुभव करोगे। मैं तुम्हें स्मरण दिलाना चाहता हूं कि 'रिस्पान्सिबिलिटी' शब्द का ऐसा कोई भी अभिप्राय नहीं है। इस शब्द को दो हिस्सों में बांट दो—रिस्पान्स-एबिलिटी, उत्तर देने की क्षमता—और तब तुम इस शब्द के एक बिलकुल अलग अर्थ में, एक अलग दिशा से प्रवेश करते हो। उत्तर देने की क्षमता कोई बोझ नहीं है; यह कोई फर्ज नहीं है; यह कोई ऐसी बात नहीं है

जो तुम्हें न चाहते हुए भी करनी पड़े।

उत्तर देने की क्षमता का इतना ही अर्थ होता है : सहज उत्तर। जैसी भी परिस्थिति खड़ी होती है, तुम अपनी समग्रता से, अपनी गहनता से आनंदपूर्वक उसका उत्तर देते हो। और यह उत्तर न केवल परिस्थिति को बदलेगा बल्कि यह तुम्हें भी बदलेगा।

दो शब्द स्मरण रखे जाने चाहिए : एक है 'प्रतिक्रिया' और एक है 'प्रतिसंवेदन'। अधिकतर लोग प्रतिक्रिया करते हैं, वे उत्तर नहीं देते। प्रतिक्रिया तुम्हारी स्मृति से, तुम्हारे अतीत के अनुभवों से, तुम्हारे ज्ञान से आती है। यह एक नयी, ताजी परिस्थिति का सामना करने में हमेशा अपर्याप्त है। और अस्तित्व हमेशा नया है। इसलिए यदि तुम अपने अतीत के अनुसार व्यवहार करते हो, तो यह प्रतिक्रिया है। लेकिन वह प्रतिक्रिया परिस्थिति को बदलने वाली नहीं है, और वह तुम्हें भी नहीं बदलेगी, और तुम सर्वथा असफल सिद्ध होगे।

उत्तर तो क्षण-क्षण है। इसका स्मृति से कोई संबंध नहीं है। इसका संबंध तुम्हारे होश से है। तुम स्पष्टता से परिस्थिति को देखते हो; तुम निर्मल, शांत, मौन हो। उस शांत अवस्था से सहज रूप से तुम कुछ करते हो। यह प्रतिक्रिया नहीं है, यह कृत्य है। इसके पहले तुमने यह कभी नहीं किया है। लेकिन इसका सौंदर्य यह है कि यह परिस्थिति के अनुरूप होगा। और तुम्हें यह जानकर खुशी भी होगी कि तुम सहज होने में सक्षम हो।

जीवन में सहज होने की खुशी से बड़ी खुशियां बहुत कम ही हैं। सहजता का अर्थ है क्षण में होना; इसका अर्थ है अपने होश से कार्य करना, पुराने संस्कारों से नहीं कार्य करना। वे दिन गये—वे संस्कार, मान्यताएं बिलकुल बेकार हैं।

मेरे विश्वविद्यालय के दिनों में, जब मैं एक स्नातकोत्तर छात्र था, एक साल तक मुझे एक बहुत मूढ़ छात्र के साथ रहना पड़ा। उसकी समस्या थी : 'हर कोई कह रहा है कि वह किसी लड़की के प्रेम में पड़ गया है और वे इसका बड़ा मजा ले रहे हैं। लेकिन मेरी तरफ कोई लड़की देखती भी नहीं। न मैं जानता हूं कि प्रेम में कैसे पड़ना।'

मैंने कहा, 'पहली बात तो तुम यह करो, तुम भी कहना शुरू कर दो कि बहुत सी लड़कियां तुम्हारे पीछे पड़ी हैं। वे सब तुम्हारे प्रेम में पड़ गयी हैं, लेकिन अभी तक तुम्हें सही लड़की नहीं मिली है जिसके साथ तुम संवाद करना चाहोगे, जिसके साथ होना चाहोगे, उसे प्रेम करना चाहोगे।'

उसने कहा, 'लेकिन यह सब गलत है, क्योंकि यह हो नहीं रहा है।'

मैंने कहा, 'वे जो बातें कर रहे हैं, यह हो उनको भी नहीं रहा है। वे सिर्फ बातें बना रहे हैं और दूसरों को ऐसा जता रहे हैं कि वे सब किसी बहुमूल्य अनुभव से चूके जा रहे हैं।'

उसने कहा, 'मैं प्रयास करूंगा।'

उसने बातें करनी शुरू कर दीं—जल्दी ही वह हीरो बन गया। कोई लड़की उसके पीछे नहीं पड़ी थी, उसे कोई खयाल भी नहीं था कि प्रेम क्या है, लेकिन लोगों ने उससे नुस्खा पूछना शुरू कर दिया; कि प्रेम में कैसे पड़ना।

और वह आकर मुझसे कहता, 'तुमने मुझे एक बहुत कठिन स्थिति में डाल दिया है। मैं नहीं जानता कि प्रेम क्या है, मैं उन्हें कैसे कोई नुस्खा बताऊं ? वे कहते हैं, 'इतनी लड़कियां तुम्हारे पीछे पड़ी हैं और तुम्हारा उनमें रस नहीं है। तुम कम से कम एक लड़की से मेरा परिचय करवा दो।' लेकिन कोई भी मेरे पीछे नहीं पड़ी है।'

मैंने उससे कहा, 'फिक्र न करो, कल सुबह से एक लड़की तुम्हारा पीछा करना शुरू कर देगी—पूरे विश्वविद्यालय की सबसे सुंदर लड़की।'

उसने कहा, 'क्या यह एक भविष्यवाणी है ?'

मैंने कहा, 'हां, यह एक भविष्यवाणी है। कल अपनी सबसे बढ़िया पोशाक में, सुगंध लगाकर, मुस्कुराते हुए आना; दुखी मत दिखना।'

मेरी कक्षा में एक सुंदर लड़की थी। मैंने उससे कहा, 'यह आदमी परेशान है। तुम्हें कुछ भी नहीं करना है, बस उसका हाथ पकड़ लेना और उससे कह देना, 'मैं तुम्हें प्रेम करती हूं।'

उसने कहा, 'लेकिन इससे कोई समस्या खड़ी हो सकती है।'

मैंने कहा, 'फिक्र न करो, मैं सब संभाल लूंगा। वह आदमी इतना मूढ़ है, वह कोई समस्या नहीं खड़ा कर सकता है।'

लड़की ने कहा, 'अच्छा देखते हैं।'

दर्शनशास्त्र के पीरिएड के बाद वह उसे एक किनारे ले गयी। कंपते, पसीना-पसीना, उसने उसका हाथ अपने हाथों में लिया और कहा, 'मैं लगभग साल भर से यह कहना चाहती थी : तुम पूरे विश्वविद्यालय में सबसे सुंदर युवक हो ! मैं तुम्हारे प्रति गहन प्रेम में हूं।'

वह दौड़ता हुआ मेरे पास आया; उसने कहा, 'हो गया !'

मैंने कहा, 'क्या हो गया ?'

उसने कहा, 'उस लड़की ने मेरा हाथ पकड़ा, और वह यह कहते समय बहुत घबराई हुई थी, लेकिन उसने बहुत सुंदर ढंग से कहा : 'तुम एक सुंदर व्यक्ति हो,' और कि एक साल से वह मुझे यह कहने के लिए अवसर का इंतजार करती रही कि वह मुझे प्रेम करती है।'

मैंने कहा, 'अब तुम पूरी तरकीब जानते हो। हाथ पकड़कर, व्यक्ति से कह देना, 'तुम सुंदर हो और मैं तुम्हारे प्रेम में हूं'....।'

उसने कहा, 'मैंने सभी तीनों चरण खूब अच्छी तरह समझ लिये हैं। तभी से मैं उनको दोहरा रहा हूं।'

दूसरे दिन उसने दूसरी लड़की पर यही आजमाया और उस लड़की ने उसे एक तमाचा रसीद किया। वह तो विश्वास न कर सका, नुस्खा गलत कैसे हो सकता था। वह भागता हुआ मेरे पास आया, उसने कहा, 'इतने लोगों के सामने मेरी बेइज्जती हुई। लड़की ने मुझे तमाचा मारा—और मैंने कुछ किया नहीं था, सिर्फ उसका हाथ पकड़ा था....अंतर इतना ही था कि पहले मामले में लड़की घबराई हुई थी और पसीना-पसीना थी, और इस मामले में मैं घबराया हुआ था और पसीना-पसीना था। और तमाचा उसने जोर का मारा। यह किस प्रकार का प्रेम है ?'

मैंने कहा, 'एक बात याद रखो : यदि पहली लड़की एक है। तो दूसरी लड़की दूसरी है। तुमने यही बात दूसरी लड़की पर क्यों आजमायी ? हो सकता है पहली वाली ने अधिक सज्जनता का व्यवहार इसलिए किया हो क्योंकि मैंने उससे कह दिया था, 'यह आदमी बेचारा मरा जा रहा है, हमेशा प्रेम के विषय में सोचता रहता है, लेकिन यह नहीं जानता कि इसका मतलब क्या है और इसकी शुरुआत कैसे करनी।'

उसने कहा, 'शायद आप सही हैं, मुझे दूसरी लड़की के पास नहीं जाना चाहिए था। फिर आप मुझे क्या सलाह देते हैं ?'

मैंने कहा, 'तुम पहली लड़की को पत्र लिखो।'

उसने कहा, 'लेकिन मैं प्रेम-पत्र लिखना नहीं जानता।'

मैंने कहा, 'चिंता न करो, मैं लिख दूंगा—तुम दस्तखत कर देना।'

उसने कहा, 'यह बहुत बढ़िया है। मैं आपका बहुत कृतज्ञ हूं।'

हफ़्ते में करीब दो या तीन बार मैं पत्र लिखता, और वह पत्र लेता और लड़की को दे आता। वह मुस्कुराती क्योंकि यह एक अजीब नाटक होता जा रहा था। और

वह मेरी लिखावट पहचानती थी।

मैंने उस लड़की से कहा, 'उसके पत्रों का उत्तर न देना बहुत निर्दयता है।'

लेकिन उसने उत्तर दिया, 'आप मुझे और और झंझट में ले जा रहे हैं।'

मैंने कहा, 'चिंता न करो, मैं किसी भी क्षण तुम्हें बाहर कर लूंगा। जिस दिन तुम बाहर आना चाहो, बस उसे एक तमाचा मारना और उससे हल हो जायेगा।'

इस तरह कुछ महीने यह सब चलता रहा। उस लड़की ने उसे सुंदर पत्र लिखने शुरू कर दिये, और वह भागता हुआ आता और सबको दिखाता कि कैसा महान प्रेम फल-फूल रहा है। अंततः वह क्षण भी आ गया, उस लड़की ने उसे तमाचा मार दिया।

'लेकिन', उसने कहा, 'यह बात तो बिलकुल समझ नहीं आती है। मैं अपने गुरु के पास जाऊंगा, जो मुझे प्रेम कैसे करना यह सिखाते रहे हैं, और पूछूंगा कि हुआ क्या ?'

वह वापस आया और मैंने उसे कहा, 'मैं तो सिर्फ तुम्हें एक मौका दे रहा था—कि शायद तुम कुछ सीख सको—लेकिन तुम कुछ भी सीखने में अक्षम लगते हो। अब सब खत्म हो गया।'

उसने कहा, 'हे परमात्मा, और उन पत्रों का क्या जो मैंने लिखे हैं ?'

मैंने कहा, 'तुम उन पत्रों का क्या करोगे ?'

उसने कहा, 'मैं वैसे पत्र नहीं लिख सकता हूं, इसलिये मैं उन्हें ले लूंगा और किसी दूसरी लड़की पर आजमाऊंगा।'

और हर जगह वह अस्वीकृत हुआ, क्योंकि धीरे-धीरे सभी जान गये कि हस्तलिपि मेरी थी, पत्र मेरा था, और यह बेवकूफ इतना भी नहीं जानता कि प्रेम है क्या !

उत्तर अतीत से नहीं आता। तुम्हें इसे सीखना नहीं पड़ता, तुम्हें इसका शिक्षण नहीं देना पड़ता; यह तुम्हारे मौन से, तुम्हारी शांति से स्वतः ही आता है। इसीलिए मैं कहता हूं कि तुम्हारे बहुत से कृत्य कृत्य नहीं हैं, क्योंकि वे स्मृति से आ रहे हैं—वे प्रतिक्रियाएं हैं। प्रामाणिक कृत्य तुम्हारी चेतना से आता है।

इसलिए पहली बात है : उत्तरदायित्व शब्द का गलत अभिप्राय बदलो। मां कहती है, 'मेरी देखभाल करना तुम्हारा उत्तरदायित्व है'; पिता कहते हैं, 'मेरी देखभाल करना तुम्हारा उत्तरदायित्व है'; पूरा परिवार कहता है, 'तुम्हारा एक उत्तरदायित्व है, एक कर्तव्य है....।'

मेरे पिता से मेरे बहुत गहरे घनिष्ठ संबंध थे। वह एक विरले व्यक्ति थे, क्योंकि मैंने जो कहा उसने किसी भी पिता को क्षुब्ध कर दिया होता, लेकिन उन्होंने हमेशा उस पर विचार किया, मनन किया।

मैंने कहा, 'सुनिए, मेरा आपके प्रति कोई उत्तरदायित्व नहीं है। मुझे जन्म देने के लिए आपने मुझसे कभी नहीं पूछा था। वही समय था जब हम कोई समझौता कर सकते थे : 'यह-यह मेरा उत्तरदायित्व होगा।' आप मुझसे पूछे बिना ही मुझे अस्तित्व में ले आये। यह उत्तरदायित्व आपका है, मेरा नहीं। यदि कुछ भी गड़बड़ होता है, उसके लिए आप उत्तरदायी होंगे।'

उन्होंने कहा, 'मैंने इस दृष्टिकोण से कभी नहीं देखा था; शायद तुम ही सही हो—मेरे साथ तुम किस प्रकार का संबंध और घनिष्ठता रखते हो?'

मैंने कहा, 'मैं उत्तर देने में सक्षम हूं, उत्तरदायी नहीं। मैं आपके प्रति प्रेम के कारण कुछ करूंगा, इस कारण नहीं कि आप मेरे पिता हैं। और मैं बिना अपनी स्मृति व्यवस्था को बीच में लाये उस क्षण में कुछ करूंगा, क्योंकि स्मृति हमेशा अतीत की है और अस्तित्व हमेशा नया है—वे कभी मिलते नहीं।'

इसलिए पहली बात मैं चाहता हूं कि तुम समझो, कि उत्तरदायित्व, 'रिस्पान्सिबिलिटी' को पूरा शब्द मत रखो, इसे दो में तोड़ दो : रिस्पान्स-हाइफन-एबिलिटी और इससे पूरी बात बदल जाती है।

'आपके प्रति अत्यंत अहोभाव के साथ-साथ जीवन और चेतना के इस उपहार को बचाने हेतु अस्तित्व के प्रति एक उत्तरदायित्व का अहसास भी होता है।'

तुम इन खयालों से बोझिल हो जाओगे! तुम अपने ही लिए एक यातना बन जाओगे। और जैसे-जैसे मैं तुम्हारा प्रश्न आगे पढ़ता हूं, मैं इसे देख सकता हूं :

'सार्वभौमिक रूपांतरण और नये मनुष्य की आपकी दृष्टि को एक वास्तविकता बनाने के लिए, ऐसा लगता है कि ध्यान, प्रेम, प्रतिबद्धता और कर्म सभी जरूरी हैं।'

प्रतिबद्धता जरूरी नहीं है, क्योंकि प्रतिबद्धता का पुराना पड़ जाना सुनिश्चित है; यह नये क्षण के अनुरूप नहीं हो सकती। प्रतिबद्धता अतीत के प्रति गुलामी है। और कर्म तुम्हें करना नहीं पड़ता। यदि तुम्हारा हृदय प्रेम से भरा है, करुणा से भरा है, ध्यान से भरा है, तो कर्म होगा ही। जब कर्म स्वतः अपने से घटता है, तब यह इतना सुंदर फूल होता है। इसके स्थान पर तुम अपने पर जबरदस्ती बोझ लादते हो—उत्तरदायित्व, प्रतिबद्धता, कर्म—और समझते भी नहीं कि पृथ्वी पर संकट

इतना बड़ा है और तुम इतने छोटे हो, तुम कर क्या सकते हो ?

मेरा कोई उत्तरदायित्व नहीं है, मेरी कोई प्रतिबद्धता नहीं है, मेरे पास कोई कार्यक्रम नहीं है इस सुंदर ग्रह को बचाने के लिए—ये सब अनावश्यक बोझ हैं। इस क्षण का आनंद उठाओ, अपनी चेतना का विकास करो, अधिक सहज, अधिक करुणावान, अधिक प्रेमपूर्ण होओ—न कोई प्रतिबद्धता, न इस संपूर्ण ग्रह को बचा लेने जैसी कोई अति-महत्वाकांक्षा। इसका आनंद उठाओ, और इस आनंद से कृत्य आता है—पुनः सहजता से—तब तुम्हें कृत्य करना नहीं पड़ता।

'सक्रियता में उतरना कभी-कभी कठिन महसूस होता है।'

कभी-कभी ही नहीं, सक्रियता में उतरने में तुम हमेशा कठिनाई महसूस करोगे। लेकिन एक शुद्ध कर्म—बिना चिंतन-मनन के—अचानक तुम्हें पकड़ लेता है....। और तुम कोई परोपकार नहीं कर रहे हो, तुम सिर्फ इसका आनंद ले रहे हो।

यदि हम लोगों को अधिक प्रेमपूर्ण, उत्सव से भरे, अधिक सहज बना सकें, तो यह सार्वभौमिक संकट-स्थिति टाली जा सकती है। लेकिन इसे गंभीरता से मत लो, इसके प्रति खेलपूर्ण रहो। यदि अस्तित्व नहीं चाहता कि यह ग्रह रहे, तो इसमें बाधा देने वाले हम कौन हैं ?

रोज तारे ब्लैक होलों में विलीन हो जाते हैं और रोज नये तारे सफेद होलों से पैदा होते हैं। एक बात याद रखने जैसी है, कि हर चीज जो पैदा हुई है, मरेगी। यह ग्रह लगभग चार करोड़ चालीस लाख वर्षों से यहां पर है। शायद यह बूढ़ा हो गया है, शायद इसे बचाने के लिए कुछ भी नहीं किया जा सकता है। इसे विश्राम की जरूरत है और मृत्यु एक विश्राम है।

लेकिन मैं यह नहीं कह रहा हूं कि तुम्हें विध्वंस करने लगना चाहिए। मैं कह रहा हूं कि जब तक जिंदा हैं, आनंद मनाओ, नाचो, गाओ, प्रेम करो। शायद बूढ़ा अस्तित्व भी महसूस करे कि इस ग्रह को और थोड़ा जीवित रहने दें। इसे जितना संभव हो उतना सुंदर बना दो, ताकि अस्तित्व खुद ही महसूस करे कि इसे बचाया जाना चाहिए। तुम इसे नहीं बचा सकते, लेकिन तुम ऐसी स्थिति पैदा कर सकते हो जिसमें सुंदर फूलों को, सुंदर लोगों को, सुंदर वृक्षों को, चेतना के उत्तुंग शिखरों को नष्ट करने में अस्तित्व को ही दुख लगेगा।

इसलिए मेरा ढंग बिलकुल अलग है। मैं कोई बर्ट्रेण्ड रसेल जैसा शांतिवादी नहीं हूं, जो सोचते थे कि विरोध से, शांतिवादी लोग खड़े करके हम इस विश्व को बचा

सकते हैं। कोई विरोध प्रदर्शन इसे नहीं बचा सकता, कोई शांतिवादी इसे नहीं बचा सकता। केवल एक ही बात संभव है : तुम्हारा इस विश्व को सुंदर, और अधिक सुंदर बनाते जाना, इतना सुंदर कि इसे नष्ट करने की सोचने में अस्तित्व सर्वथा असमर्थ हो जाये।

यह कोई बोझ नहीं है, यह कोई प्रतिबद्धता नहीं है। जब तक अस्तित्व इस ग्रह को बनाये रखता है, इसका आनंद लो, और रसपूर्ण बनाओ—अपने जीवन के हर कृत्य को।

मेरी दृष्टि में सार्वभौमिक आत्मघात से बचने का यही एकमात्र उपाय है।

'मौन और ध्यानपूर्ण रहते हुए,' तुम पूछ रहे हो, 'सक्रियता में उतरना कभी-कभी कठिन महसूस होता है।'

तुम्हें किसी सक्रियता की जरूरत नहीं है। मौन, ध्यानपूर्ण होना काफी है; तुम्हारी क्षुद्र सक्रियता से वे कहीं अधिक शक्तिशाली ताकतें हैं। और तुम्हारे मौन से शायद कोई कृत्य उठ भी सकता है जो इस ग्रह को अधिक वैभवशाली, अधिक भव्य बनाने में मददगार होगा। मैं जो कहने का प्रयास कर रहा हूं वह यह है कि अस्तित्व के सामने यह बात सिद्ध कर दो कि यह ग्रह इतना बहुमूल्य है कि इसे नष्ट हो जाने देना नितांत मूढ़ता होगी। पुनः अस्तित्व को बुद्ध, लाओत्सू....जैसी चेतनाओं, जैसे लोगों को लाने में पांच करोड़ वर्ष प्रतीक्षा करनी पड़ेगी।

क्या तुम मेरी बात समझे ? इसे इतना कीमती बना दो कि अस्तित्व भी पीछे हट जाये, और उस सबको नष्ट कर दे जो सार्वभौमिक आत्मघात के लिए तैयार किया जा रहा है। तुम्हें कोई कर्म नहीं करना है ! तुम्हें सिर्फ ध्यान करना है। शांत होओ, प्रेमपूर्ण होओ, पूरी दुनिया को हंसी से भर दो।

मैं तुमसे कहता हूं, हंसी किन्हीं भी आणविक शस्त्रों से कहीं अधिक शक्तिशाली है। पूरे जगत को प्रेम से भर दो। और मैं तुमसे कहता हूं, प्रेम से भरा हुआ जगत युद्ध का निर्णय नहीं लेने वाला है।

किसी कर्म की जरूरत नहीं है। उन लोगों द्वारा मेरी निंदा की गयी है जो जीवन के गुह्य रहस्यों को नहीं समझते हैं। वे सोचते हैं कि लोगों को शांत होना, ध्यानपूर्ण होना सिखाकर मैं उन्हें आलसी बना रहा हूं। वे नहीं जानते हैं कि मैं लोगों को प्रेम से, सौंदर्य से, प्रफुल्लता से—सहजता से कृत्य करना सिखा रहा हूं। वही इस ग्रह के विध्वंस में सबसे बड़ा अवरोध खड़ा करेगा।

तुम पूछ रहे हो, 'क्या आप हमें वू-वेई, अकर्म से कर्म, के विषय में बतायेंगे ?'

वही तो मैं बता रहा हूं। तुम कुछ करते नहीं; तुम तो इतने मौन हो जाते हो कि उस मौन से तुम्हारे इर्द-गिर्द चीजें घटना शुरू हो जाती हैं—वही है अकर्म से कर्म। मौन हुआ व्यक्ति अकर्मण्य नहीं होता; उसकी ऊर्जा सहजता के, उत्तर की क्षमता के, प्रेम के, आनंद के, सृजनात्मकता के एक पूर्णतया नये आयाम में प्रवाहित होती है। और उसके पूरे प्राण इतने मूल्यवान हैं कि वह अपने आस-पास एक संक्रामक मूल्यवत्ता निर्मित करता है।

यदि हमारे पास पूरी दुनिया में कुछ लाख लोग ऐसे हों जो खेलपूर्ण हों, जो बोझिल न हों, फिर कुछ फर्क नहीं पड़ता। यदि अस्तित्व इस ग्रह का विलीन हो जाना चाहता है, शायद इसमें कुछ सार्थकता हो। जब तक हम यहां हैं, जब तक यह ग्रह अस्तित्व में है हम आनंदित रहने का प्रयत्न करेंगे। यदि हमारी प्रफुल्लता, हमारा खेलपूर्ण होना, हमारी बांसुरियां, हमारे गिटार, हमारी संवेदनशीलता जगत की प्रतिभा को बदल देती है और इस निर्णय को रद्द कर देती है—कि यह ग्रह नष्ट किये जाने लायक नहीं है, कि इस ग्रह को और पोषण दिया जाना है....यदि यह होता है, तो ठीक; यदि यह नहीं होता है तो वह भी बिलकुल ठीक है।

क्या तुमको याद है जब तुम नहीं थे—क्या तुम क्रोधित थे, दुखी थे ? तुम्हारे जन्म से पहले, क्या तुमको कोई समस्या, कोई दिक्कत याद आती है ? तुम्हारी मृत्यु के बाद तुम वैसी ही स्थिति में होओगे, जैसे तुम अपने जन्म के पहले थे।

अस्तित्व सुंदर है, लेकिन यदि यह विलीन हो जाता है, यदि पूरा ब्रह्मांड इसके विलय के लिए तय करता है, तुमको इसके खोने का दुख न होगा; तुम होगे ही नहीं। इसलिए इसे एक भय न बना लो, कोई फर्ज, कोई उत्तरदायित्व जिसे करना ही है। ग्लानि भी अनुभव न करो कि तुम इतने छोटे हो—तुम कर ही क्या सकते हो ? तुम कितने भी छोटे हो, तुम प्रेम कर सकते हो, तुम नाच सकते हो, जो भी क्षण उपलब्ध हैं उनका तुम उत्सव मना सकते हो। और यह अकर्म से कर्म होगा।

डाक्टर अपनी निरीक्षण टेबल पर लेटी नवयुवती को बधाई देता है।

'घर जाओ,' वह कहता है, 'और अपने पति से कहो कि बच्चे के लिए तैयारियां करें।'

'लेकिन मेरा कोई पति नहीं है,' लड़की उत्तर देती है।

'तो घर जाओ,' डाक्टर कहता है, 'और अपने प्रेमी को बताओ।'

'लेकिन मेरा कोई प्रेमी भी नहीं है,' लड़की कहती है। 'मेरा कभी कोई प्रेमी नहीं रहा।'

'ऐसा मामला है तो,' डाक्टर कहता है, 'घर जाओ और अपनी मां से जीसस क्राइस्ट के पुनः आगमन की तैयारियां करने के लिए कहो।'

मेरा दृष्टिकोण सीधा-साफ है : यह दिन अपने आपमें पर्याप्त है। कौन फिक्र करता है यदि तुम कल सुबह नहीं उठते ? तुमको मालूम ही नहीं पड़ेगा। और एक शाश्वत नींद इतनी शांतिमय, आनंदमय, मौन; तुम कुछ भी खो नहीं रहे। लेकिन अपना आज कल के बाबत सोचने में मत गंवा दो। थोड़ा बुद्धिमान, होशपूर्ण और सजग होओ।

एक पोलक (पोलैण्डवासी) दोनों कान बुरी तरह जले हुए लेकर डाक्टर के दवाखाने पर पहुंचता है।

'ऐसी घटना मैंने कभी नहीं देखी,' डाक्टर आश्चर्य प्रगट करता है। 'आखिरकार हुआ क्या ?'

'मैं अपने कपड़े प्रेस कर रहा था,' पोलक स्पष्ट करता है, 'तभी फोन की घंटी बजी।'

'लेकिन दूसरे कान के विषय में क्या ?' डाक्टर पूछता है।

'फिर,' पोलक उत्तर देता है, 'मुझे एम्बुलेन्स के लिए फोन करना था।'

4

धार्मिक जीवन और सौंदर्य बोध

प्यारे भगवान,

एक मित्र ने हमसे कहा कि उसने आपको एक बार ऐसा कहते सुना कि आप चाहते हैं हम अत्यंत सौंदर्यपूर्ण ढंग से बुद्धत्व को उपलब्ध हों। क्या आप चेतना के सौंदर्य बोध पर कुछ कहेंगे? क्या इसे छोड़कर आपने कभी कोई और बात कही है?

वादन और इति, तुमने एक बहुत महत्वपूर्ण प्रश्न उठाया है। पृथ्वी पर जो भी धर्म हुए हैं, वे सभी बहुत असौंदर्यपूर्ण रहे हैं। क्योंकि उन्होंने जीवन को इनकार किया; उन्होंने सारे सौंदर्य को, सारे फूलों को, सारी सृजनात्मकता को, सारी संवेदनशीलता को इनकार कर दिया। सौंदर्यपरक सृजनात्मकता द्वारा बुद्धत्व-प्राप्ति की लाखों लोगों की संभावना को उन्होंने मार डाला। उन्होंने द्वार ही बंद कर दिया, और सदियों तक किसी ने यह प्रश्न भी नहीं उठाया कि, 'क्या यह संभव है कि सिर्फ एक संगीतज्ञ होना बुद्ध होने के लिए पर्याप्त है?'

मैं कहता हूं, हां!

कोई मुझसे सहमत नहीं होगा; न महावीर, न गौतम बुद्ध, न मुहम्मद, न जीसस। यह मैं भलीभांति जानता हूं कि पूरा इतिहास मेरे विरुद्ध खड़ा हो जायेगा, फिर भी मैं बिलकुल सुनिश्चित हूं कि संगीत ध्यान हो सकता है; कि मूर्तिकला ध्यान हो सकती है; कि नृत्यकला ध्यान हो सकती है; कि चित्रकला ध्यान हो सकती है। ये द्वार ही बंद रहे हैं। मनुष्य के विरुद्ध किये गये बड़े से बड़े अपराधों में से यह एक है।

और असृजनात्मक लोग महात्माओं की तरह पूजे जाते हैं। उन्होंने जो कुछ किया है वह इतना ही है कि संभव है उपवास किये हों, लेकिन भूखे रहना कोई बड़ा भारी गुण नहीं है। और यह मानवता को किसी भी ढंग से समृद्ध नहीं करता है। संभव है वे नग्न रहे हों, लेकिन इसका यह अर्थ नहीं होता कि वे जीवन को अधिक सुंदर बना रहे हैं। इन नग्न महात्माओं में अधिकतर तो इतने भद्दे हैं कि यह बेहतर हुआ

होता....उनकी प्रशंसा की जानी चाहिए, यदि वे नग्न रहना बंद कर दें। लेकिन उनकी नग्नता की प्रशंसा की गई, इसे एक महान अनुशासन समझा गया।

कभी-कभी लंबे समय तक प्रचलित मूढ़तापूर्ण खयाल भी करीब-करीब परम सत्यों जैसे लगने शुरू हो जाते हैं। सभी पशु नंगे हैं। नंगे होने में मुझे कोई संतत्व नहीं दिखाई पड़ता है। मैं नहीं कह रहा हूं कि नंगे होना कोई अपराध है। मैं केवल इतना ही कह रहा हूं कि यदि उचित समय है, और सुहाना मौसम है, और तुम्हारा शरीर देखे जाने लायक है....इसके पहले कि तुम दूसरों को परेशान करो, पहले किसी दर्पण के सामने नंगे खड़े होओ....लेकिन सागर-तट पर अवश्य ही, तुम नंगे हो सकते हो। किसी अच्छे मौसम में तुम घर पर भी नंगे हो सकते हो, लेकिन इसमें कुछ भी संतत्व नहीं है। यह सिर्फ नैसर्गिक है।

हर पशु, हर पक्षी नग्न है, सिवाय कुछ कुत्तों के। इंग्लैंड में मध्ययुग में जब नैतिकता ने एक हास्यास्पद रूप ले लिया, तो कुत्तों को भी कपड़े पहनाये जाने लगे। इसे ईसाई होने का ढंग समझा जाता था। तुम्हें विश्वास नहीं होगा कि कुर्सियों और मेजों की टांगें भी ढंकी जाती थीं, क्योंकि उन्हें टांगें कहा जाता है। और टांगें नग्न नहीं रखी जानी चाहिए। उन थोड़े से मूढ़ों को छोड़कर पशुओं का पूरा जगत नैसर्गिक रहा है।

आदमी के लिए शायद अब सभी मौसमों में नग्न रह पाना कठिन हो गया है। उसका शरीर अब सक्षम नहीं है, अब उतना मजबूत नहीं है जितना आदिम मानव का था जो नग्न रहता था। हजारों वर्षों से हमने अपने शरीर की रक्षा की है, लेकिन स्मरण रहे जब भी किसी चीज की सुरक्षा की जाती है, वह कमजोर हो जाती है। जितना अधिक तुम इसकी रक्षा करते हो उतना अधिक वह कमजोर हो जाती है। भारत के जंगलों में एक आदिवासी अभी भी नग्न रहता है, सर्दी में, वर्षा में, गर्म धूप में; लेकिन उसके पास वह दम-खम है, उसका वैसा शरीर है। लेकिन वह कोई संत नहीं है, वह सिर्फ असुसंस्कृत, अशिक्षित, असभ्य, आदिम है। उसके पास ऐसा कुछ भी नहीं है जो कि उसकी प्रशंसा में कहा जा सकता हो।

लेकिन धर्म लोगों को बहुत ही असृजनात्मक अनुशासन सिखाते रहे हैं। कभी-कभी तो इतने बेहूदे कि यह विश्वास करना भी असंभव लगता है कि हजारों लोग उन मान्यताओं को मानकर जीते हैं।

भारत में एक धर्म है जैन धर्म, जिसमें संन्यासी एक-एक कदम करके अंततः नग्न

हो जाते हैं। उनके अनुशासन के पांच चरण हैं, जिसका अंतिम चरण है नग्न हो जाना। इसी चरण के कारण जैन धर्म को उनके स्वर्ग में स्त्रियों के सीधे प्रवेश को इनकार करना पड़ा। पहले उन्हें पुरुष बनना होगा, क्योंकि वे नग्न होने के, अनुशासन के अंतिम चरण को उपलब्ध नहीं हो सकती हैं। और जो लोग नग्न हो गये.... ढाई हजार वर्षों में हजारों लोग नग्न हुए हैं, उन्होंने जगत को कुछ भी नहीं दिया है, न चित्र बनाये, न कविता रची। सच तो यह है कि जिन चीजों का उन्होंने त्याग कर दिया है वे क्षुद्र चीजें हैं, सांसारिक बातें हैं, जिनका उन्होंने त्याग कर दिया है। उनके अनुशासनों ने उन्हें हर प्रकार से भद्दा बना दिया है।

उदाहरण के लिए जैन संन्यासी खड़े-खड़े खाते हैं। अब यदि तुम खड़े-खड़े खाओ तो जल्दी ही तुम्हारी तोंद निकल आयेगी। तुम्हारा सीना अंदर घुस जायेगा और तुम्हारा पेट बढ़ जायेगा। तुम बिना गर्भ के गर्भवती हो जाओगे। उन्हें अपने हाथों की अंजुली में ही भोजन करना पड़ता है, क्योंकि वे किन्हीं यंत्रों का उपयोग नहीं कर सकते हैं। क्या बकवास है ! प्लेट का उपयोग करना कोई बड़ी तकनीक नहीं है। लेकिन उनकी प्रशंसा होती है क्योंकि वे केवल अपने हाथों का उपयोग कर रहे हैं। और उससे और भी अधिक समस्याएं पैदा होती हैं।

वे रेजर ब्लेड का इस्तेमाल भी अपनी दाढ़ी बनाने या बाल काटने के लिए नहीं कर सकते हैं। और इससे समस्या और भी जटिल हो जाती है, क्योंकि उन्हें स्नान करने की तो बिलकुल आज्ञा नहीं है, उनका अनुशासन उन्हें कुल्ला करने की अनुमति भी नहीं देता है। अपने दातों में वे टूथब्रश नहीं करते, क्योंकि टूथब्रश बड़ी भारी तकनीक है, और टूथपेस्ट तो खैर बनते ही हैं बड़े-बड़े कारखानों में। उन्होंने पूरे संसार का त्याग कर दिया है, कैसे वे टूथब्रश का इस्तेमाल कर सकते हैं ? और वे इस्तेमाल करें भी क्यों ?

उनका तर्क समझने जैसा है, क्योंकि उससे और दूसरे धर्मों की भी अन्य बहुत सी बातें स्पष्ट होंगी। वे अति पर हैं और अति को समझ लेना हमेशा अच्छा होता है क्योंकि चीजें अपनी पराकाष्ठा पर आ चुकी होती हैं जहां अंधा आदमी भी देख सकता है कि यह मूढ़ता है।

उन्हें हर वर्ष अपने बाल अपने ही हाथों से नोचने होते हैं और यह अवसर एक महान धार्मिक उत्सव की भांति मनाया जाता है। अपने बाल नोचते नग्न संन्यासी को देखने के लिए हजारों लोग इकट्ठे होते हैं। वे रेजर ब्लेड का इस्तेमाल नहीं कर

सकते। रेजर ब्लेड भौतिकवादी संसार का हिस्सा है। और यह एक देखने लायक दृश्य होता है जब कोई जैन संन्यासी अपने बाल नोचता हो और हजारों जैन इकट्ठे हैं और स्त्रियां रो रही हैं, कुछ तो बेहोश हो गयी हैं। महान संत इतनी पीड़ा से गुजर रहे हैं !

उसे कहा किसने इस पीड़ा से गुजरने के लिए ? कोई भी उसके दाढ़ी-बाल मुफ़्त में बना दे सकता है। अब उसने एक मूढ़तापूर्ण बात अपने पर थोप ली है और लोग उसके महान अनुशासित जीवन के लिए उसकी प्रशंसा कर रहे हैं। यह अनुशासन नहीं है, यह आत्मपीड़न है। और इसका कारण यह है कि वह मानता है कि वह शरीर है नहीं, इसलिए वह मानता है कि वह स्नान क्यों करे ? अब तुम्हारे बिना तो शरीर स्नान कर नहीं सकता, यह पक्का है; तुम्हारे बिना तो शरीर कुल्ला कर नहीं सकता। और तर्क यहां तक जाता है कि लोग अपने शरीर को सजाने का प्रयास करते हैं। तुम्हारा दांतों में ब्रश करना—शायद तुमने कभी सोचा भी न हो—जैनों द्वारा निंदित है, क्योंकि यह तुम्हारे शरीर को सजाना है, जो कि वास्तव में तुम्हारी कामुकता का ही हिस्सा है। स्नान करना, एक सुंदर शरीर, एक सुंदर केश-विन्यास रखना निश्चित प्रदर्शित करता है कि तुम शरीरों में उत्सुक हो। और यदि तुम अपने शरीर में उत्सुक हो, तो निश्चित ही तुम दूसरों के शरीरों में भी उत्सुक होगे। और जिस व्यक्ति ने भौतिक जगत्त का त्याग कर दिया है उसने अपने शरीर का भी त्याग कर दिया है।

असल में ये लोग संत नहीं हैं। यदि बिना किसी पूर्वाग्रह के देखा जाए तो ये मनोवैज्ञानिक रूप से रुग्ण, आत्मपीड़क लोग हैं जो अपने को सताने में मजा लेते हैं। पागलखानों में ऐसे बहुत हैं, लेकिन लोग नहीं जानते कि वे जैन संत हैं। तुम उन्हें नाहक पागलखाने में रखे हो। वे अपने को सताते हैं और वे इसका मजा लेते हैं।

रुग्णता की दो श्रेणियां हैं। एक है आत्मपीड़कों की जो सताये जाने में मजा लेते हैं और दूसरे हैं परपीड़क जो दूसरों को सताने में मजा लेते हैं। और यह कहा जाता है कि एक आत्मपीड़क और एक परपीड़क के बीच विवाह ही एकमात्र सफल विवाह है। निश्चित ही सफल होगा। पति पीटता है और पत्नी मजा लेती है। पति मजा लेता है क्योंकि वह पीट रहा है....या इसका उलटा।

मैं एक प्रोफेसर का विद्यार्थी था जिनका हर व्याख्यान इसी वर्णन से शुरू होता था कि उस सुबह उनकी पत्नी ने उनके साथ कैसा गलत व्यवहार, दुर्व्यवहार किया। मैंने एक दिन सुना, दूसरे दिन सुना, तीसरे दिन मुझे खड़ा होना पड़ा, मैंने कहा, 'यह

बहुत हुआ ! आपके लक्षणों से मैं कह सकता हूं कि आप आत्मपीड़क हैं। '

उन्होंने कहा, 'तुम्हारा मतलब क्या है ?'

मैंने कहा, 'मेरा मतलब है, आप सताये जाने का मजा लेते हैं। अन्यथा, मामला क्या है ? यहां आप अर्थशास्त्र पढ़ाते हैं, इससे आपकी पत्नी का क्या संबंध है ? और खड़े होने के पहले मैंने सब जांच-पड़ताल कर ली है, मैं आपकी पत्नी के पास भी गया हूं, क्योंकि बिना पूरी तैयारी के मैं कभी किसी चीज पर प्रश्न नहीं उठाता। '

उनकी पत्नी सच में खतरनाक थी। जिसने उसे चुना....और यह एक प्रेम-विवाह था ! वह प्रोफेसर से बड़ी थी, प्रोफेसर से अधिक मजबूत थी, प्रोफेसर से अधिक बदसूरत थी, हर ढंग से उनसे आगे थी। और मैंने पड़ोस के लोगों से पूछताछ की, उन्होंने कहा, 'यह जोड़ी अद्‌भुत है। पत्नी प्रोफेसर को पीटती है। '

मैंने कहा, 'यह मेरे लिए कोई खबर नहीं है, क्योंकि प्रोफेसर खुद ही अपना व्याख्यान हर रोज इसी बात से शुरू करते हैं। आधा व्याख्यान तो इसी बाबत होता है कि उनकी पत्नी द्वारा कैसे उनके साथ गलत व्यवहार, दुर्व्यवहार किया गया है। इसे वह छिपा नहीं रहे और जब वह बताते हैं.... उनके चेहरे का आनंद मैंने देखा है। इन दोनों को मनोरोग चिकित्सालय में होने की जरूरत है। '

पर पड़ोसियों ने कहा, 'तुम कुछ भी कहो, वे दोनों खुश हैं। '

मैंने कहा, 'यह सच है। यही तो सफल विवाह है। पत्नी पूरी तरह खुश है, वह पति को पीटती है, हर तरह से उसे सताती है। दरवाजे खुले हैं, पड़ोसी झांक रहे हैं और वह पति की छाती पर चढ़ी बैठी है। '

ऐसी सफल जोड़ी फिर मेरी नजर में नहीं आई। और यह प्रेम-विवाह है। और मैं नहीं सोचता हूं कि उनके विवाह के पूर्व भी हालात कुछ भिन्न रहे होंगे। असल में, सतने-सताने का यह संबंध ही उन्हें नजदीक लाया।

मेरी अपनी समझ यह है कि जब कोई जैन संन्यासी बाल नोच रहा है और लोग रो रहे हैं, चिल्ला रहे हैं, तो वह तो आत्मपीड़क है और भीड़ परपीड़कों की है। वे भी मजा ले रहे हैं। उन आंसुओं से धोखा न खाओ। बड़ी दूर-दूर से आये हैं, सिर्फ एक पागल आदमी को अपना बाल नोचते देखने के लिए। लेकिन इसमें आध्यात्मिक क्या है ?

और चूंकि मैंने अपने माता-पिता से पूछना शुरू कर दिया, 'इसमें आध्यात्मिक क्या है ?' एक आदमी नंगा हो सकता है, इससे किसी का कुछ लेना-देना नहीं है।

उसे नंगा रहने दो। यदि वह अपने बाल नोचता है, शायद उसे इस कसरत में मजा आता है, उसे मजा लेने दो। बस इतना ही खयाल रखो कि वह दूसरों के बाल नोचना न शुरू कर दे। और जैन संत यही कर रहा है। वह अपने बाल नोच रहा है और वह दूसरों को दीक्षा लेने के लिए समझा भी रहा है, क्योंकि अंततः उनको भी अपने बाल नोचने पड़ेंगे। एक बहुत परोक्ष ढंग, लेकिन असल में वह अपने को सता रहा है और दूसरों को सिखा भी रहा है कि, 'अपने को सताओ। बिना अपने शरीर को सताये, तुम कैसे अध्यात्म को उपलब्ध हो सकते हो ?'

शरीर और आत्मा के बीच भेद ने सभी धर्मों को नष्ट किया। विश्व के लिये वरदान होने की अपेक्षा, वे घोर अभिशाप सिद्ध हुए हैं।

मैं सिखाता हूं एक सौंदर्यपरक चेतना। तुम्हें सौंदर्य की सराहना करना सीखना चाहिए, तुम्हें सौंदर्य का सृजन करना सीखना चाहिए, तुम्हें एक सौंदर्यपूर्ण ढंग से व्यवहार करना सीखना चाहिए। तुम्हारा जीवन सौंदर्य, महिमा, प्रेम और शांति की एक लम्बी कहानी होना चाहिए। और तुम जो भी कर रहे हो, संसार का त्याग करने की कोई जरूरत नहीं है। कहीं जाने को नहीं है। यही हमारा विश्व है। हमें इसे ही अधिक सुंदर, अधिक महिमावान, अधिक प्रेमपूर्ण बनाना है। और यह संभव है—बस तुम जो भी कर रहे हो, उसे ध्यानपूर्वक करो।

ऐसे भी रहस्यदर्शी हुए हैं जैसे कि कबीर, जो एक जुलाहे थे। वह जुलाहे ही रहे, यद्यपि सम्राट भी उनके शिष्य थे, हजारों लोग शिष्य थे। और वह एक गरीब आदमी थे। और ऐसे बहुत कम गरीब लोग हैं जो उस महिमा और आभा को उपलब्ध हुए हैं, जिसको कबीर उपलब्ध हुए। उनके सब शिष्यों ने उनसे प्रार्थना भी की कि, 'आप बुनना बंद कर दें, अब आपको यह नहीं करना है। आपकी किसी भी जरूरत को पूरा करने के लिए हम सब यहां हैं।'

कबीर ने कहा, 'लेकिन मेरा ध्यान और मेरा बुनना इतना साथ-साथ विकसित हुआ है कि न तो मैं बिना बुनते हुए ध्यान कर सकता हूं, न मैं बिना ध्यान के बुन सकता हूं। इसलिए कृपया मुझे बाधा न दो, जो मैं करता रहा हू वही मुझे करने दो।'

एक दूसरे रहस्यदर्शी थे गोरा, वह कुम्हार थे। और उन्होंने ज्ञान प्राप्ति के बाद भी सुंदर बर्तन बनाना जारी रखा। उनके बर्तन भी एक अलग ही स्तर के हो गये। उनका कुछ सौंदर्य उनकी कृतियों का हिस्सा भी बन गया।

उनके शिष्यों ने कहा, 'अब यह न करें, हमें शर्म आती है, लोग कहते हैं, तुम

एक कुम्हार के पास जाते हो ?'.... भारत में कुम्हार को अछूत समझा जाता है.... 'और तुम उस व्यक्ति के पैर छूते हो ?'

लेकिन फिर भी हजारों लोग गोरा की अनुभूति से प्रकाशवान हुए। और वह अंत तक एक कुम्हार ही रहे।

मेरा ढंग यह है कि तुम जो भी कर रहे हो, उस कार्य को ही अपना ध्यान बना लो। इस भांति मत सोचो कि तुम्हें कुछ छोड़ना होगा और फिर तुम ध्यान करोगे। वे मन की टालने की तरकीबें हैं और इससे अंततः तुम किसी खराब स्थिति में पहुंच जाओगे।

मेरे लिए, धर्म केवल सौंदर्यबोध ही हो सकता है, और कुछ भी नहीं। एक धार्मिक व्यक्ति हर प्रकार से महिमावान होगा। उसका पूरा अस्तित्व एक सौंदर्य की आभा से घिरा होगा। उसके शब्द खुद ही कविता होंगे। उसका मौन तुम्हारे हृदय को छू लेगा। उसके प्राण ही तुम्हारे लिए एक नृत्य और उत्सव बन जायेंगे। वह क्या करता है सवाल वह नहीं है; वह क्या है, सवाल वह है। फिर भले ही वह कुम्हार है या जुलाहा है या चमार है....!

एक चमार भी था जो कि रहस्यदर्शी था, रैदास। यदि एक चमार उतना ही प्रबुद्ध हो सकता है जितना कि एक गौतम बुद्ध, तब फिर कहीं जाने की कोई जरूरत नहीं है। वहीं रहो जहां तुम हो, बस अपने जीवन में, अधिक सौंदर्य पैदा करो, अपने कृत्यों में अधिक महिमा पैदा करो। हर चीज अस्तित्व के प्रति एक अहोभाव, एक प्रार्थना होनी चाहिए। तब दुनिया में एक पूर्णतया भिन्न प्रकार का धर्म फैलेगा, और जो दुनिया में बड़े खजाने लायेगा।

अभी तक सभी धर्म पलायनवादी रहे हैं। दुनिया से भागो। मैं तुम्हें सिखाता हूं कि दुनिया में रहो; बस इतना याद रखो, दुनियावी मत बनो। संसार को त्यागने की कोई जरूरत नहीं है, बस संसार को अपनी चेतना में मत घुसने दो। तुम हिमालय में बैठ सकते हो और तब भी सोफिया लारेन के विषय में सोचते रह सकते हो। हिमालय रोक नहीं सकता है।

एक बार एक आदमी रामकृष्ण के पास दस हजार सोने के सिक्के लेकर आया। उस समय रुपया शुद्ध सोने का सिक्का था। रुपया शब्द संस्कृत से आता है। इसका अर्थ होता है सोना। वह एक बड़े थैले में दस हजार सोने के सिक्के लेकर आया और रामकृष्ण से कहा कि, 'मैं जमा करता रहा और प्रतीक्षा करता रहा कि जब ये दस हजार

हो जायें, मैं उन्हें आपको भेंट कर दूंगा।'

रामकृष्ण ने कहा, 'लेकिन मेरे पास इनको रखने के लिए जगह भी नहीं है। और वैसे भी मैं नहीं सोचता कि मुझे इनकी जरूरत है, लेकिन मैं आपको इनकार भी नहीं कर सकता। एक काम करो....।' रामकृष्ण के मंदिर के पीछे ही सुंदर गंगा बह रही थी। उन्होंने उस व्यक्ति से कहा, 'जाओ और पूरी गठरी गंगा में फेंक दो।'

अब रामकृष्ण कह रहे हैं—और पहली तो बात उसने रुपये रामकृष्ण को भेंट कर दिये हैं, ये अब उनके हैं और वही कह रहे हैं। इसलिए बहुत बेमन से वह गया। उसका दिल डूब रहा था। अपनी पूरी जिंदगी वह वे रुपये इकट्ठा करता रहा था और यह आदमी तो बिलकुल पागल लगता है। गंगा उनका क्या करेगी? 'अगर उनको जरूरत नहीं है, वह मुझे ऐसा कह सकते थे। मैं उन्हें वापस ले जा सकता था। अगर उन्हें जरूरत नहीं है, तो गंगा को भी जरूरत नहीं है। लेकिन करना क्या, इस आदमी से क्या बहस करें? यह आदमी तो पागल है।'

एक घंटा बीत गया। रामकृष्ण ने पूछा क्या हुआ? वह आदमी वापस नहीं लौटा? किसी को भेजा गया और उसने खबर दी कि 'वह आदमी एक बड़ा काम कर रहा है, उसने बड़ी भीड़ इकट्ठी कर ली है। कई लोग गंगा में तैर रहे हैं, कई किनारे पर खड़े हैं। वह एक बार में एक रुपया उठाता है, एक पत्थर पर पटक कर पूरी भीड़ को दिखाता है कि असली सोने का है। सोने की खनखनाहट और फिर वह उसे गंगा में फेंकता है, इसीलिए इसमें इतनी देर लग रही है। दस हजार रुपये और भीड़ इकट्ठी हो रही है और जो तैर सकते हैं, जो फेंके गये रुपयों को लपक सकते हैं, वे बड़ा मजा ले रहे हैं।'

रामकृष्ण ने कहा, 'यह अद्‌भुत है। मैंने उससे कहा था, पूरी गठरी ही फेंक दो।'

वह खुद देखने गये। सच में वहां बड़ा जलसा लगा था।

और रामकृष्ण ने उसके कंधे पर थपथपाया और कहा, 'तुम क्या कर रहे हो?'

उसने कहा, 'कुछ भी नहीं। बस मैं देखता हूं कि सोना असली है या नहीं और फिर मैं गिनती करता हूं, तीन सौ उनतालीस, तीन सौ चालीस, तीन सौ इकतालीस....'

रामकृष्ण ने कहा, 'बेवकूफ, जब कोई धन इकट्ठा कर रहा हो तब निश्चित ही वह देखता है कि यह असली सोना है या नहीं और वह गिनती भी करता है, लेकिन जब तुम फेंक रहे हो तब क्या फिक्र। बस पूरी गठरी एक बार में फेंक दो।'

उसे वैसा करना पड़ा, लेकिन बहुत दुख से। वह अपनी जिंदगी के सबसे सुखद

क्षणों का आनंद ले रहा था। क्योंकि इतने सारे लोग उसकी प्रशंसा कर रहे थे कि यह है महान त्याग; धन को फेंक देना।

सभी धर्म सिखाते रहे हैं : धन को फेंको। और फिर दुनिया में चारों तरफ लोग भूखे हैं, गरीबी में मर रहे हैं। किसी धर्म ने नहीं सिखाया कि धन को पैदा करो। धन कुछ ऐसा नहीं है कि आकाश से टपकता हो, इसे पैदा करना पड़ता है। हर कोई हेनरी फोर्ड नहीं है। इसके लिए प्रतिभा की जरूरत है, इसके लिए आविष्कारक बुद्धि की जरूरत है, इसके लिए बहुत से गुणों की जरूरत है। केवल तभी आदमी धन पैदा कर सकता है। यदि सभी धर्मों ने लोगों को सिखाया होता : धन पैदा करो और हम सबसे अधिक धनवान को संत की भांति सम्मान देते, तो दुनिया गरीब न होती। दुनिया के गरीब रहने का कोई कारण नहीं है।

आज भी, यद्यपि जनसंख्या पांच अरब तक पहुंच गयी है, वैज्ञानिक कहते हैं कि यदि हम अपनी सारी प्रतिभा और वैज्ञानिक और तकनीकी समझ को साथ-साथ लगायें तो हम न केवल पांच अरब लोगों को स्वस्थ, समृद्ध-सुविधासंपन्न कर सकते हैं, बल्कि हम पच्चीस अरब लोगों का जीवन इस पृथ्वी पर हर तरह से खुशहाल बना सकते हैं।

लेकिन सभी धर्म दरिद्रता सिखा रहे थे। जीसस कहते हैं, 'सौभाग्यशाली हैं जो गरीब हैं।' और हर कोई जानता है कि कौन सौभाग्यशाली है! लेकिन इस सांत्वना देने वाले झूठों ने गरीब को गरीब रहने में मदद की। जीसस कहते हैं कि जो धनवान हैं, उनके लिए कोई आशा नहीं है। एक ऊंट भी सुई के छेद से निकल सकता है, लेकिन एक धनवान ईश्वर के दरवाजे से नहीं निकल सकता।

अब यदि इस प्रकार का शिक्षण पूरी दुनिया में प्रभावी रहा हो, तो तुम इसका अंतिम परिणाम देखते ही हो। हर रोज हजारों लोग मर रहे हैं क्योंकि पर्याप्त भोजन नहीं है। इसी सदी के अंत तक, यदि यही स्थिति रहती है तो केवल भारत में पचास करोड़ लोग मरेंगे। और ऐसी कोई संभावना नहीं लगती है कि स्थिति बदलेगी। भारत अनाज पैदा नहीं करता, यह केवल बच्चे पैदा करता है। यह भूमि बहुत उत्पादक है। 1947 में जब यह आजाद हुआ, इसकी जनसंख्या केवल चालीस करोड़ थी। आज इसकी जनसंख्या नब्बे करोड़ है। सिर्फ चालीस वर्षों में पचास करोड़ लोग बढ़ गये और आनेवाले दस वर्षों के भीतर भारत एक अरब का आंकड़ा पार कर जायेगा।

जहां तक गरीबी, भूख, कंगाली, जनसंख्या का संबंध है पहली बार पूरी दुनिया में भारत नंबर एक देश होगा। अभी तक चीन नंबर एक रहा है लेकिन आगामी दस वर्षों में चीन अपना स्थायी पद खो देने वाला है। अभी तक यह नंबर एक देश रहा है। अब और नहीं।

एक आदमी अपनी पत्नी से कह रहा था कि 'इस अखबार में जनसंख्या के बाबत एक रिपोर्ट है। यह रिपोर्ट कहती है कि हर पांच व्यक्तियों में, पृथ्वी पर पैदा होने वाले हर पांच बच्चों में, एक चीनी है।'

दस साल बाद यह स्थिति नहीं होगी। पृथ्वी पर पैदा होने वाले हर पांच बच्चों में एक भारतीय होगा।

पत्नी बहुत चिंतित थी, उसने कहा, 'हे ईश्वर ! मैं गर्भवती हूं और यह मेरा पांचवां बच्चा है और मैं घर में कोई चीनी नहीं चाहती हूं !'

धर्म गलत मूल्य सिखाते रहे हैं। आदमी एक पूर्णतया भिन्न स्थिति में होता। उन्होंने नहीं सिखाया कि कैसे प्रकृति के साथ, पर्यावरण के साथ एक संगति में रहना; उन्होंने नहीं सिखाया कि सतत हत्याओं, हत्याकांडों, बलात्कारों के बिना एक दूसरे के साथ कैसे रहना। तीन हजार वर्षों में पांच हजार युद्ध हुए हैं, जैसे कि आदमी का एकमात्र धंधा लड़ना है। तुम किसके लिए लड़ रहे हो ?

यदि धर्मों ने विध्वंसात्मक होने की बजाय सृजनात्मक होना सिखाया होता; ....दुनिया को छोड़ने के बजाय राष्ट्र छोड़ो, जाति छोड़ो, गोरे और काले के सारे भेदभाव छोड़ो, वे सब सीमाएं, दीवारें छोड़ो जो मानवता को विभाजित करती हैं। यह मानवता एक है। और यह ग्रह हमारा घर है। और हम सब इसे अधिक सुंदर, अधिक रहने योग्य बनाने के लिए जिम्मेवार हैं। लेकिन वे सिखा रहे थे इस दुनिया को छोड़ो, इस दुनिया से भाग जाओ। और ये लोग भागेंगे कहां ? वे कहीं भागते नहीं हैं। वे रहते यहीं हैं, वे परजीवी हो जाते हैं।

अब चीन में, जापान में, भारत में, यूरोप में हजारों मठ हैं। इन मठों में हजारों संन्यासी हैं। उन्हें कौन खिलाता है ? वे कुछ भी पैदा नहीं करते। पूरे इतिहास में उन्होंने सिर्फ एड्स की बीमारी पैदा की है, और कुछ भी नहीं। वही उनका विधायक योगदान है : समलैंगिकता, पशुलैंगिकता, लेकिन उनका सबसे बड़ा योगदान है एड्स की बीमारी।

और इन लोगों ने दुनिया का त्याग कर दिया है, फिर वे क्यों हमारी गर्दनों पर

चढ़े हुए हैं ? वे जायें और समुद्र में कूद जायें। उन्होंने दुनिया छोड़ दी है, हम उन्हें अलविदा कह सकते हैं। लेकिन वे यहीं रहते हैं, वे हमें सताते हैं और वे वही सब भद्दी बातें सिखाये चले जाते हैं जिन्होंने इस पृथ्वी को इतना आत्मघाती, इतना अर्थहीन, जीवन के हर आयाम में इतना गरीब बना दिया है।

मेरी मूलभूत उत्सुकता धार्मिकता को जीवन में, बीच बाजार में लाने में है। और उस विरोध को नष्ट करने में है जो कि सभी धर्मों द्वारा धार्मिकता और जगत के बीच पैदा किया गया है। उनमें कोई विरोध नहीं है। धार्मिकता एक सुंदर फूल है, यह बाजार में भी खिल सकता है, इसमें कोई समस्या नहीं है। क्योंकि धार्मिकता को ध्यान के एक सरल-से तत्व में समाहित किया जा सकता है, किसी और अनुशासन की कोई जरूरत नहीं है।

जैसे-जैसे तुम ध्यान को गहरा ले जाते हो, तुम्हारी सजगता अधिक-अधिक सुस्पष्ट होती जाती है, तुम्हारा जीवन अधिक-अधिक नैतिक होना शुरू हो जाता है। किसी शास्त्र के अनुसार नहीं, क्योंकि वे तो पुराने और मृत हैं और जिन परिस्थितियों में उन्हें लिखा गया था वे अब नहीं हैं। मेरे अनुसार एक नैतिक व्यक्ति वह है जो वास्तविक परिस्थिति को सीधे—किसी सिद्धांत के अनुसार नहीं—उत्तर देने में सक्षम है।

मुझे एक चीनी कहानी याद आती है।

एक मेला लगा था। और चीन में पुराने दिनों में कुओं के चारों ओर दीवार नहीं होती थी। वे बस खुले गड्ढे होते थे, रात में अंधेरे में कोई भी कुएं में गिर सकता था।

एक आदमी एक कुएं में गिर गया है, लेकिन मेला लगा था, इतने लोग, इतना शोरगुल। उसकी आवाज कौन सुनता....वह अपनी पूरी ताकत से चिल्ला रहा था, 'बचाओ, मैं मरा जा रहा हूं !'

संयोग से वहां से गुजरता एक बौद्ध संन्यासी उस आदमी की आवाज सुनता है, कुएं में झांकता है।

वह आदमी कहता है, 'ईश्वर को धन्यवाद कि आपने सुन लिया, अन्यथा मेले में तो लोग पागल हैं, तमाम शोरगुल हो रहा है, गाना, बजाना, नाचना, कौन मुझे सुननेवाला है ?'

उस बौद्ध संन्यासी ने कहा, 'चिंता न करो, मैं तुम्हारी बात सुनूंगा।'

उसने कहा, 'यह कोई सुनने का सवाल नहीं है ! आपको मुझे बाहर निकालना है।'

उस बौद्ध संन्यासी ने कहा, 'वह मैं नहीं कर सकता हूं, क्योंकि मेरे शास्त्र के अनुसार, हर किसी को अपने पिछले जन्मों में किये पापों का फल भोगना पड़ता है। तुमने जरूर पाप किये होंगे, शांति से भोग लो। चुपचाप रहो ताकि अगले जीवन में तुम्हें न भोगना पड़े। जो हो गया सो हो गया, अगले जीवन की फिक्र करो।'

उस आदमी ने कहा, 'मैं अभी जिंदा हूं, सब हो नहीं गया है। मैं जवान हूं, मेरी पत्नी है, मेरे बच्चे हैं और आप कह रहे हैं कि जो हो गया सो हो गया। कुछ करिये।'

उसने कहा, 'मैं अपने शास्त्रों के विपरीत नहीं जा सकता हूं।' और वह चला गया।

उसके पीछे एक कनफ्यूशियन संन्यासी आया। उस संन्यासी ने कहा, 'कनफ्यूशियस सही था।'

उस आदमी ने कहा, 'मैं सहमत हूं, लेकिन पहले मुझे बाहर निकालिए।'

उसने कहा, 'वह होगा लेकिन इसमें समय लगेगा। एक बड़ी क्रांति की जरूरत है।'

उसने कहा, 'लेकिन तब तक....तुम किस क्रांति के विषय में बात कर रहे हो ?'

उसने कहा, 'कनफ्यूशियस ने लिखा है कि हर कुएं के चारों तरफ दीवार होनी चाहिए। मैं तुम्हारी खातिर, तुम्हारे बच्चों की खातिर पूरे देश में जाऊंगा कि हर कुएं के चारों ओर सुरक्षात्मक दीवार होनी ही चाहिए।'

उस आदमी ने कहा, 'लेकिन, मेरे विषय में क्या ?'

उसने कहा, 'जहां तक तुम्हारा संबंध है, मैं कुछ भी नहीं कर सकता हूं, किसी ने कनफ्यूशियस की नहीं सुनी। मैं क्या कर सकता हूं ? लेकिन तुम्हारे बच्चों के लिए, निश्चित ही कोई नहीं गिरेगा।'

उस आदमी ने कहा, 'यह भी अजीब जगह है। एक जिंदा आदमी मर रहा है और ये मूढ़ बड़ी क्रांतियों की बातें कर रहे हैं।'

और तभी एक ईसाई एक थैला, एक रस्सी, एक बाल्टी लिये आया। और उसने तत्काल रस्सी-बाल्टी कुएं में डाली और उस आदमी से कहा, 'बाल्टी में बैठ जाओ और मैं तुम्हें बाहर खींच लूंगा, चिंता न करो।'

उस आदमी ने कहा, 'यही एकमात्र सच्चा धर्म लगता है। वे सब शास्त्रों की बकवास करने वाले बहुत धूर्त लोग हैं।'

उसने ईसाई मिशनरी से कहा कि, 'आपका धर्म ही एकमात्र सच्चा धर्म प्रतीत होता

है, लेकिन यूं ही मैं पूछना चाहता हूं कि आप रस्सी, बाल्टी क्यों साथ लिये हुए थे ?'

मिशनरी ने कहा, 'मैं हमेशा तैयारी करके चलता हूं। कौन जानता है, कोई गिर ही गया हो और यही एकमात्र उपाय है कि मैं स्वर्ग में प्रवेश कर सकता हूं। मैं उस कनफ्यूशियन संन्यासी का विरोध करनेवाला हूं जो हर कुएं के चारों ओर दीवार बनवाने का प्रयास कर रहा है। तब कोई नहीं गिरेगा और यदि कोई गिरता ही नहीं तो बचानेवालों की कोई जरूरत ही नहीं है। स्वर्ग के दरवाजे बंद हो जायेंगे।'

पहली बार उस आदमी की समझ में आया कि उसे नहीं बचाया जा रहा है, वह आदमी अपना ही हिसाब-किताब, स्वर्ग में बैंक बैलेन्स बना रहा है।

ये सभी शास्त्र, ये सभी धर्म, ये सभी नैतिकताएं भले ही उपयोगी हों—भले ही विशिष्ट परिस्थितियों में उपयोगी रही हों—लेकिन जिंदगी बदलती चली जाती है। हर क्षण नया है। इसलिए तुम्हारा द्वार खटखटा रहे नये क्षण के स्वागत के दो ढंग हैं। एक है प्रतिक्रिया। प्रतिक्रिया आती है तुम्हारे सिद्धांतों से, शास्त्रों से, ज्ञान से, तुम्हारे चर्चों से। और दूसरा है उत्तर। उत्तर आता है तुम्हारी सजगता से। उत्तर के सिवाय कोई नैतिकता नहीं है। बिना उत्तर के तुम जो भी करो, वह तुम्हें किसी न किसी मूढ़ता में ही ले जाने वाला है।

तुम देखते हो कि पूना में इतने अधिक मांसाहारी मच्छर हैं। मैंने मच्छरों की किसी ऐसी जाति के बारे में नहीं सुना जो शाकाहारी हो। संभव है तुम्हें इस बात पर विश्वास न हो कि कलकत्ता में धनी शाकाहारियों के बगीचे में कई चारपाइयां होती हैं। और यदि कोई भी उन पर पूरी रात नग्न सोये, तो उसे पैसे मिलते हैं। आज भी ऐसा होता है। क्योंकि वे मच्छरों के प्रति इतने करुणावान हैं, अन्यथा मच्छरों का क्या होगा ? उनके शास्त्र कहते हैं लोगों की रक्षा करो, लोगों की मदद करो। अतः वे लोगों को बचा रहे हैं, लोगों की मदद कर रहे हैं। वे लोग हैं मच्छर और बस एक आदमी को पांच रुपये देकर—वह पूरी रात परेशान रहता है, लेकिन पांच रुपये में ठीक है। वह मच्छरों से लड़ेगा, लेकिन वह रहेगा चारपाई पर और जो लोग पैसा दे रहे हैं, वे भूखों को दान देने का पुण्य कर रहे हैं।

अब बुद्धा आडिटोरियम के चारों तरफ लगी यह जाली, शास्त्रों के बहुत खिलाफ है, क्योंकि यह भूखे-प्यासों को रोक रही है। यह बहुत अनैतिक है। ऐसा बढ़िया भोजन ! और चारों तरफ भूखे लोग, लेकिन बाधाएं हैं। इसी कारण तो लोग मेरे

विरुद्ध हैं कि मैं शास्त्रों के खिलाफ बातें सिखा रहा हूं।

अब कुछ धार्मिक बातें। तुम मुझे अधर्म के विषय में बातें करने के लिए बाध्य कर देते हो, लेकिन मैं असली धार्मिक बातें भूलता नहीं।

एक अरब युवक एक रात काफी देरी से, बहुत भूखा अपने डेरे में लौटता है। वह मोमबत्ती जलाता है और अपने थैले में कुछ खाने की चीज तलाशता है। उसे चार खजूर मिलते हैं। अपना चाकू निकालकर वह एक खजूर काटता है, लेकिन पाता है कि उसमें कीड़े पड़ गये हैं। वह दूसरा खजूर काटता है, लेकिन उसमें भी कीड़े हैं। तीसरे खजूर में भी कीड़े हैं।

वह एक गहरी सांस लेता है, मोमबत्ती को बुझा देता है, और अंतिम खजूर खा जाता है।

कनाडा का एक किसान ठंड के दिनों के लिए जमा करने के खयाल से लकड़ियां काट रहा है। तभी जंगल से एक रेड इंडियन बाहर आता है और कहता है, 'इस वर्ष अच्छी ठंड है।'

यह सुनकर, किसान अगले दिन सामान्य से अधिक लकड़ियां काटने का तय करता है। वह अभी काट ही रहा है कि बूढ़ा इंडियन फिर प्रकट होता है और कहता है, 'इस वर्ष बहुत तेज ठंड है।'

अतः किसान देर रात तक लकड़ियां काटता रहता है। दूसरे दिन पुनः इसी कार्य में लग जाता है। और इस तरह उसने एक अच्छा-खासा ढेर लगा लिया है। पुनः बूढ़ा इंडियन आता है और कहता है, 'इस वर्ष बड़ी कड़ाके की ठंड है!'

सुनकर किसान लकड़ी काटना बंद कर देता है और कहता है, 'हे सरदार, यह तुम कैसे जानते हो?'

'बस,' इंडियन कहता है, 'मेरे कबीले में हमारी एक कहावत है कि, जब तुम गोरे आदमी को लकड़ी काटते देखो तो समझ लो कि ठंडा मौसम पड़ोस में आने वाला है।'

मोयशे फिंकल्सटीन को कर विभाग से एक कड़ा पत्र मिलता है और उसे एक

इंटरव्यू के लिए जाना है। वह अपने वकील पुत्र फैगन को सलाह के लिए फोन करता है। फैगन सुझाता है कि वह पुराने कपड़े पहने ताकि वह अधिक समृद्ध न दिखे।

कर विभाग जाते हुए मोयशे, मैन्डेल क्राविट्ज से मिलता है, जो उसे कहता है कि इस प्रकार के कपड़ों में वह छंटा हुआ बदमाश दिखता है और कर अधिकारी फौरन ताड़ लेगा कि दाल में कुछ काला है।

मोयशे दुविधा में पड़ जाता है, अतः वह रब्बाई नाशबाम के पास जाता है। रब्बाई कहीं बाहर गया है, लेकिन उसकी पत्नी मोयशे को घर में बुलाती है।

'तुम्हारी समस्या क्या है ?' वह पूछती है। और मोयशे उसे अपनी पूरी कहानी सुना देता है।

'अहा !' पूरी कहानी सुनने के बाद वह उत्तर देती है। 'इससे मुझे याद आता है जब मेरी शादी होने वाली थी, मैं तय नहीं कर पाती थी कि मैं सफेद कपड़े पहनूं और कुंआरी दिखूं या काले कपड़े पहनूं और अनुभवी और लुभावनी दिखूं। तो मैंने अपनी दादी से सलाह ली थी।'

'ओह' मोयशे चीखता है, 'और उसने क्या कहा था ?'

'बस', रब्बाई की पत्नी कहती है, 'उसने मुझसे यही कहा : इससे कुछ फर्क नहीं पड़ता कि तुम क्या पहनो, तुम्हारे साथ जो होना है वह होगा ही।'

5

ईश्वर : मानव चेतना की दरिद्रता

प्यारे भगवान,
अस्तित्व क्या है ? लोग जिसे ईश्वर कहते हैं,
क्या यह कुछ उस जैसा ही है ?

सम्पूर्णा, जो है वह अस्तित्व है और जो नहीं है वह ईश्वर है। अस्तित्व एक वास्तविकता है, ईश्वर एक झूठ है। अस्तित्व केवल ध्यानियों को, वे जो मौन हो गये हैं, उन लोगों को ही उपलब्ध है; ईश्वर बीमार मस्तिष्कों के लिए, रुग्ण चित्तों के लिए एक सांत्वना है।

अस्तित्व तुम्हारी निर्मिति नहीं है, ईश्वर है। इसीलिए अस्तित्व केवल एक है, लेकिन ईश्वर हजारों हैं। हर कोई अपनी जरूरतों के अनुसार, हर कोई अपनी पीड़ाओं के अनुसार, हर कोई अपनी अपेक्षाओं के अनुसार एक ईश्वर निर्मित करता है या ईश्वर के बाबत कोई पुरानी मान्यता ग्रहण कर लेता है।

ईश्वर एक बहुत बड़ी सांत्वना है, लेकिन यह कोई उपचार नहीं है। अस्तित्व कोई सांत्वना नहीं है। इसके साथ संगति में होना, स्वस्थ और अखंड होना है। दुनिया के सभी धर्म ईश्वर सिखाते रहे हैं; मैं तुम्हें अस्तित्व सिखाता हूं। मैं तुम्हें उसके साथ संगति में होना सिखाता हूं जो तुम्हें घेरे हुए है, जो तुम्हारे भीतर है और जो तुम्हारे बाहर है। एक बार तुम इसके साथ संगति में होते हो, फिर तुम्हारे लिए कोई मृत्यु, कोई दुख, कोई तनाव, कोई चिंता नहीं है, बल्कि एक अद्‌भुत शांति तुम्हें घेर लेती है, एक तृप्ति जिसका तुमने कभी सपना भी नहीं देखा है।

ईश्वर उनके लिए है जो चेतना के जगत में विकसित नहीं हो सकते हैं, जो कि जहां तक चेतना का संबंध है अविकसित हैं। यह एक प्रकार का खिलौना है, मंदबुद्धि लोगों को इसकी जरूरत है। और जब मैं कहता हूं यह एक खिलौना है, तब यह तुम पर निर्भर है कि तुम इसे कैसा बनाना चाहते हो—जो बंदर जैसा दिखता हो या हाथी जैसा दिखता हो। यह तुम्हारे हाथ में है कि उसके चार हाथ लगाओ या

एक हजार हाथ लगाओ। यह तुम्हारा निर्माण है। बड़ा मजा है कि आदमी मानता है ईश्वर ने हर चीज बनाई। सच्चाई यह है कि ईश्वर स्वयं ही आदमी की कल्पना की पैदाइश है।

ईश्वर सबसे बड़ा झूठ है जो तुम पा सकते हो, क्योंकि उसी झूठ पर हजारों दूसरे झूठ खड़े हैं। चर्च, धार्मिक संगठन झूठ पर झूठ गढ़ते चले जाते हैं, सिर्फ एक झूठ को बचाने के लिए।

तुम्हें झूठ बोलने का मनोविज्ञान समझना होगा। झूठ बोलने के बाबत पहली तो बात कि तुम्हारी स्मृति अच्छी होनी चाहिए, क्योंकि तुम्हें याद रखना पड़ेगा। तुम किसी से किसी बात के विषय में झूठ बोलते हो, किसी दूसरे से किसी दूसरी बात में झूठ बोलते हो। तुम्हें याद रखना होगा कि तुमने एक से क्या कहा और दूसरे से तुमने क्या कहा है।

सत्य को किसी याददाश्त की जरूरत नहीं है। सत्य हमेशा वैसे का वैसा ही है। तुम्हें इसे अपनी स्मृति में बिठाना नहीं है। स्मृति तुम्हें एक बंधन, एक कैद देती है। यह तुम्हें घेर लेती है, धीरे-धीरे यह तुम्हें इतना आच्छादित कर लेती है कि तुम बिलकुल गायब ही हो जाते हो। सत्य है अपने आपको सभी झूठों से बाहर निकालना। और अचानक एक उद्घाटन होता है कि तुम उस विराट सत्य के हिस्से हो जिसे मैं अस्तित्व कह रहा हूं।

तुम्हें किन्हीं चर्चों की जरूरत नहीं है, तुम्हें किन्हीं मंदिरों की जरूरत नहीं है, तुम्हें किन्हीं मसजिदों की जरूरत नहीं है; तुम्हें जरूरत है केवल एक प्रार्थनापूर्ण हृदय की, एक प्रेमपूर्ण हृदय की, एक अहोभावपूर्ण हृदय की। वही तुम्हारा असली मंदिर है। वही तुम्हारे पूरे जीवन को रूपांतरित कर देगा। वह न केवल तुम्हारी स्वयं की खोज में, बल्कि इस विराट अस्तित्व की असल गहराइयों की खोज में भी तुम्हारी सहायता करेगा।

हम करीब-करीब सागर की लहरों जैसे हैं—केवल सतह पर, और सागर संभव है मीलों गहरा हो। प्रशांत महासागर पांच मील गहरा है। लेकिन सतह पर एक छोटी सी लहर गहराई को—अपनी ही गहराई को, क्योंकि वह सागर से अलग नहीं है—कभी नहीं जान पायेगी। वह अपने क्षुद्र अस्तित्व को पकड़ेगी, मृत्यु से भयभीत होगी। अपने को विराट में, सागरीय अनंतता में खो देने से भयभीत होगी। लेकिन सच्चाई यह है कि लहर की मृत्यु मृत्यु नहीं है, बल्कि एक शाश्वत जीवन की शुरुआत है।

ईश्वर की ईजाद हुई है। यह लोगों की जरूरत थी; लोगों को किसी रक्षक की जरूरत थी। अस्तित्व की विराटता में एक आदमी इतना अकेला, इतना छोटा महसूस करता है। यह विशालता उसमें एक कंपकंपी पैदा कर देती है। तुम्हारा अस्तित्व ही क्या है ?

मुझे बर्ट्रेण्ड रसेल की एक कहानी स्मरण आती है। इंगलैंड का आर्चबिशप एक सपने में देखता है कि वह स्वर्ग के मोतिया द्वार (पर्ली गेट) पर पहुंच गया है। एक तरफ तो वह बहुत खुश है, और दूसरी तरफ वह बहुत मुसीबत में है, क्योंकि मोतिया दरवाजे दोनों दिशाओं में इतने विशालकाय हैं कि वह पूरा दरवाजा नहीं देख पाता है। यह इतना ऊंचा है कि उसकी आंखों की देखने की क्षमता के बाहर है। और इस विशाल दरवाजे की तुलना में वह स्वयं एक छोटी-सी चींटी जैसा लगता है। वह थोड़ा घबड़ाया। वह कोई सामान्य आदमी नहीं है, वह इंगलैंड का आर्चबिशप है। वह दरवाजे से ही हीनता अनुभव करता है और उसके भीतर भय उठता है, 'यदि दरवाजे पर ही यह स्थिति है, अंदर क्या स्थिति होने वाली है ?'

कंपकंपाते हाथों से वह दरवाजा खटखटाता है। लेकिन उस आकाश की विशालता में वह ही अपना खटखटाना सुन सकता है। उसको दिनों लग जाते हैं, लेकिन वह जोर से और जोर से खटखटाता रहता है। अंततः द्वार में एक छोटी-सी खिड़की खुलती है और सेंट पीटर एक हजार आंखों से बाहर झांकते हैं, यह देखने का प्रयास करते हुए कि कौन आवाज कर रहा है। वे एक हजार आंखें इतनी चमकदार हैं, सितारों की तरह, कि आर्चबिशप और भी छोटा महसूस करता है—करीब-करीब ना-कुछ।

और सेंट पीटर पूछते हैं, 'कृपया, तुम जो भी हो, तुम जहां भी हो, मेरे सामने आओ।'

आर्चबिशप अपना परिचय देता है। वह सेंट पीटर से कहता है, 'शायद आप मुझे नहीं जानते हैं। आप जीसस क्राइस्ट से पूछ सकते हैं, मैं इंगलैंड का आर्चबिशप हूं।'

सेंट पीटर कहते हैं, 'इंगलैंड जैसी कोई जगह कभी सुनी नहीं।'

आर्चबिशप कहता है, 'शायद आपने इंगलैंड के विषय में नहीं सुना है, लेकिन आपने हमारे सुंदर ग्रह, पृथ्वी के बाबत जरूर सुना होगा।'

सेंट पीटर कहते हैं, 'मैं आपकी भावनाओं को ठेस नहीं पहुंचाना चाहता, लेकिन

जब तक तुम मुझे तुम्हारी पृथ्वी की अनुक्रम संख्या, इनडेक्स नंबर नहीं बताते, मैं नहीं समझ सकता कि तुम क्या बातें कर रहे हो। मुझे लाइब्रेरी में जाना होगा और देखना होगा—यदि तुम मुझे इनडेक्स नंबर दो—तुम किस सौरमंडल से आते हो, क्योंकि लाखों-लाखों सौरमंडल हैं और हर सौरमंडल में कई-कई ग्रह हैं।'

लेकिन आर्चबिशप ने कभी नहीं सोचा कि पृथ्वी का कोई इनडेक्स नंबर भी है, 'लेकिन मैं आर्चबिशप हूं। आप जरा जाइए और जीसस क्राइस्ट से कहिए।'

वह कहते हैं, 'तुम मुझे पहेलियों पर पहेलियां बुझा रहे हो। यह जीसस क्राइस्ट कौन महानुभाव हैं?'

आर्चबिशप को बहुत धक्का लगता है। वह कहता है, 'आप जीसस क्राइस्ट को नहीं जानते, ईश्वर के एकमात्र पुत्र?'

सेंट पीटर कहते हैं, 'जहां तक मेरा संबंध है, मैंने ईश्वर को कभी नहीं देखा है; मुझे पता नहीं वह है भी या नहीं। मैं सिर्फ एक द्वारपाल हूं। शायद स्वर्ग के भीतरी हिस्से में कहीं कोई है जो सोचता है कि वह ईश्वर है, लेकिन मैं कभी मिला नहीं....।'

इससे आर्चबिशप को इतना धक्का लगता है कि वह पसीने-पसीने हुआ जाग जाता है।

यह कहानी अर्थपूर्ण है क्योंकि यह बताती है कि हम कितने छोटे हैं और ब्रह्मांड कितना बड़ा है। स्वभावतः आदिम मनुष्य ब्रह्मांड की इस विशालता की धारणा को बिना कोई व्यक्तित्व दिये और बिना उस व्यक्तित्व से अपने को किसी न किसी प्रकार संबंधित किए अपने आपको व्यवस्थित करने में समर्थ नहीं था।

ईश्वर मनुष्य के आदिम मन का अस्तित्व को एक व्यक्तित्व देने का एक प्रयास था। तब वह ईश्वर परम पिता हो जाता है। तब तुम उसके साथ कोई संबंध बना सकते हो। तुम उसके विरुद्ध भी हो सकते हो, लेकिन कम से कम कोई है जिसके तुम पक्ष में हो सकते हो, जिसके तुम विरोध में हो सकते हो। कोई है जो तुमसे बड़ा है, जो तुम्हारी रक्षा करने वाला है, जो तुम्हारी सुरक्षा है। ईश्वर सिर्फ मानव चेतना की दरिद्रता है।

जो भी लोग अपनी आंतरिक चेतना और इसके उच्चतम शिखर पर पहुंचे, जैसे कि गौतम बुद्ध, उन्होंने ईश्वर के अस्तित्व को इनकार कर दिया। कोई भी व्यक्ति जो कभी आंतरिक रूप से स्वस्थ हुआ, मन—जो कि मूलतः रुग्ण है— के पार गया, उसने ईश्वर को इनकार किया है। एक कल्पना की तरह ईश्वर किंडरगार्टन स्कूल के

बच्चों के लिए अच्छा है। उन्हें इसकी जरूरत है—लोककथाएं, बालकथाएं, कहानियां। लेकिन बहुत कम मनुष्य किंडरगार्टन स्कूल से बाहर आ पाये हैं।

ईश्वर का अस्तित्व है, क्योंकि तुम स्वयं के प्रति सजग नहीं हो। परमात्मा का अस्तित्व है, क्योंकि तुमने अपने स्वयं के केंद्र से कोई संपर्क नहीं बनाया है। जिस क्षण तुम अपने को जान लेते हो, फिर कोई ईश्वर नहीं है, और तब किसी ईश्वर की कोई जरूरत नहीं है।

असल में मैं फ्रेडरिक नीत्शे के पूर्ण समर्थन में हूं : 'ईश्वर मर गया है।' उसके वक्तव्य का दूसरा हिस्सा और भी अर्थपूर्ण है, 'ईश्वर मर गया है, और अब मनुष्य स्वतंत्र है।' इस दूसरे हिस्से ने दार्शनिकों का, रहस्यदर्शियों का, मनोवैज्ञानिकों का अधिक ध्यान आकर्षित नहीं किया है। लेकिन दूसरा हिस्सा सर्वाधिक महत्वपूर्ण है पहला हिस्सा अधिक महत्वपूर्ण नहीं है। वास्तव में पहला हिस्सा मूलतः गलत है। ईश्वर मर नहीं सकता—झूठ कभी मरते नहीं। जिस क्षण तुम जान लेते हो, वे झूठ हैं; उनकी मृत्यु का कोई प्रश्न ही नहीं है। न वे पैदा हुए हैं, न वे मरते हैं। पहली तो बात ईश्वर कभी पैदा ही नहीं हुआ, वह मर कैसे सकता है ? मृत्यु , जन्म का ही दूसरा छोर है।

इसलिए पहला हिस्सा बहुत महत्वपूर्ण नहीं है, लेकिन उसे तात्विकों द्वारा महत्व दिया गया है, क्योंकि वे भयभीत हो गये : 'यह तो धर्म को भ्रष्ट करना है, लोगों को यह कहना कि ईश्वर मर गया है। उसका मतलब है कि अब किसी धर्म की जरूरत नहीं है।' वे अपने धंधे के लिए भयभीत हो गये। लेकिन वे दूसरे हिस्से को भूल गये, जो कि अधिक महत्वपूर्ण है। इसके अद्‌भुत महत्वपूर्ण अर्थ हैं। इसका मतलब है कि ईश्वर एक बंधन था, ईश्वर एक अपरिपक्वता था। ईश्वर कोई संपदा न था, बल्कि तुम्हारे हृदय पर और तुम्हारे विकास पर एक वजनी, पहाड़ जैसा बोझ था।

एक बार ईश्वर हटा दिया जाये, आदमी की विकसित होने और खिलने की संभावना पूर्ण रूप से खुल जाती है। ईश्वर तो निरंकुश है, फासिस्ट है। बिना ईश्वर के, विश्व स्वतंत्रता बन जाता है। अस्तित्व हर व्यक्ति को अत्यंत गरिमा देता है। घास के एक छोटे से तिनके से लेकर ब्रह्मांड के बड़े से बड़े तारे को यह अत्यंत महत्ता और प्रेम देता है। यह कोई भेद नहीं करता है। वहां समानता है और समान अवसर है। और व्यर्थ में प्रार्थना करने और अपना समय नष्ट करने, पवित्र शास्त्रों का अध्ययन

हम इसी से बने हैं। पूरा अस्तित्व
करने की कोई जरूरत नहीं है, जो कि विश्व के सर्वाधिक अपवित्र ग्रंथ हैं। पुरोहितों द्वारा शोषित होने की कोई जरूरत नहीं है। तुम इन सब जंजीरों से अचानक और सुनिश्चित रूप से मुक्त हो जाते हो। अब तुम स्वयं हो सकते हो।

जब तक ईश्वर अस्तित्व में है तब तक तुम स्वयं कभी भी नहीं हो सकते हो। तुम सिर्फ एक कठपुतली हो, तुम्हारी डोर, ईश्वर के हाथों में है। भारत में पुरानी कहावत है कि ईश्वर की बिना आज्ञा के कोई पत्ता भी नहीं हिलता है। तुम कुछ भी हो, धर्मों के अनुसार तुम मिट्टी से बने हो। 'ह्यूमन' शब्द 'ह्यूमस' से आता है, जिसका अर्थ है मिट्टी। और हिब्रू, अरबी, उर्दू, हिंदी में शब्द है 'आदमी'। यह पहले मनुष्य, अदम के नाम की तरह उपयोग किया जाता है। आदमी का अर्थ है मिट्टी। ईश्वर ने आदमी को मिट्टी से बनाया और उस पुतले में जीवन फूंका।

अब तुम्हारे पास कैसी स्वतंत्रता है ? किसी ने तुम में जीवन फूंक दिया है और यह उसके हाथों में है किसी भी क्षण वह तुममें जीवन फूंकना बंद कर दे। धर्म मानते हैं कि तुम जो भी कर रहे हो, वह तुम्हारा भाग्य है, यह तुम्हारे मत्थे पर लिखा हुआ है। और ऐसे बहुत से बहुरुपिये हुए हैं जो तुम्हारे मत्थे पर क्या लिखा है, पढ़ने का प्रयास भी करते रहे हैं।

ज्योतिषी, हस्तरेखा विशारद, सभी प्रकार के धूर्त लोग मानवता की सरलता और निर्दोषिता का शोषण करते रहे हैं। ऐसे लोग हैं जो तुम्हारा हाथ पढ़ रहे हैं, तुम्हारी रेखाएं देख रहे हैं, तुम्हें बता रहे हैं कि उन रेखाओं का क्या अर्थ है। उनका पूरा जोर यह है कि तुम स्वयं का जीवन नहीं जी रहे हो, तुम एक नाटक के हिस्से हो, और जो पार्ट तुम खेल रहे हो पहले ही तय हो चुका है।

यही तर्क था जो कि भारत में ईश्वर के अवतार कृष्ण ने महाभारत—ग्रेट इंडियन वार—में अपने शिष्य अर्जुन को दिया। वह तो उस होने वाले भयानक रक्तपात को देखकर चकरा गया। वह अद्भुत साहस और अत्यंत प्रतिभा का व्यक्ति था। उसने कहा, 'इस युद्ध में मैं कोई अर्थ नहीं देखता हूं। यदि मैं जीतता भी हूं....और मुझे पक्का है, मैं ही जीतनेवाला हूं'—उसके स्तर का कोई योद्धा न था—'लेकिन अपने सभी मित्रों और अपने सभी शत्रुओं, सभी सुंदर व्यक्तियों की लाशों के बीच विजय के स्वर्ण-सिंहासन पर बैठना, मुझे बिलकुल भी नहीं जंचता है। यह दृश्य ही मुझे पागल करने लगता है। लड़ने की बजाय मैं यह दूसरे पक्ष—जो कि कोई और नहीं, दूसरे चचेरे भाई ही हैं—के लिए छोड़ दूंगा। उन्हें ही देश पर शासन करने दो, और मैं

ध्यान करने के लिए, संन्यासी बन जाने के लिए पहाड़ों पर, हिमालय पर चला जाऊंगा।'

कृष्ण हर ढंग से उसे राजी करने का प्रयास करते हैं, लेकिन अर्जुन एक बड़ा बुद्धिमान व्यक्ति है; वह उनके विरुद्ध तर्क किए जाता है। अंत में कोई दूसरा उपाय न देखकर, कृष्ण अंतिम सहारा लेते हैं और कहते हैं, 'यह तुम्हारे भाग्य में लिखा हुआ है। पापियों को नष्ट करने के लिए और पुण्यात्माओं की रक्षा के लिए यह युद्ध ईश्वर द्वारा पहले से ही तय है।' अब इसके विरुद्ध कोई तर्क नहीं है, क्योंकि अर्जुन स्वयं ईश्वर और भाग्य में विश्वास करता है।

अर्जुन युद्ध लड़ा। पांच हजार वर्ष पहले अर्जुन को एक सर्वथा काल्पनिक, झूठा तर्क देकर इस देश को नष्ट करने के लिए कृष्ण उत्तरदायी थे। उस युद्ध में इतने लोग मरे। और केवल इतना ही नहीं कि इसमें लोग मरे, इसने देश के साहस को नष्ट कर दिया; यह किसी भी छोटी आपदा से भयभीत होने लगा।

दो-हजार वर्षों की गुलामी। मैं इसे बिलकुल स्पष्ट करना चाहता हूं कि भारत के महानतम लोग ही इन दो हजार वर्षों की गुलामी के लिए जिम्मेवार हैं।

सूची में कृष्ण प्रथम हैं, अर्जुन सिर्फ उनकी छाया भर है। फिर महावीर आये, जिन्होंने लोगों को इस अति तक अहिंसक होने की शिक्षा दी कि उनके अनुयायी कृषि भी नहीं कर सकते, क्योंकि पौधों में जीवन है, यदि तुम कृषि करते हो तो जब तुम फसल काटते हो तो तुम्हें पौधों को मारना पड़ेगा। तीसरे आते हैं गौतम बुद्ध, जिन्होंने लोगों को वे जहां भी हैं, और उनके पास जो भी है उसे स्वीकार करना और उसी में संतुष्ट रहना सिखाया—दरिद्र, भूखे, मरते, गुलाम होने पर भी—नितांत संतुष्ट रहो।'

उनकी शिक्षाएं महान थीं। यह बात स्मरण रहे; अन्यथा मैं हर किसी द्वारा गलत समझ लिया जाऊंगा। उनकी शिक्षाएं महान थीं, लेकिन उन्होंने कभी अपनी शिक्षाओं के अंतर्निहित परिणामों के विषय में नहीं सोचा। उन्होंने कभी नहीं सोचा कि यदि आप किसी देश को अहिंसा सिखाते हैं, यदि आप किसी देश को सभी हथियार छोड़ देने की शिक्षा देते हैं, जबकि पूरी दुनिया वैसा नहीं कर रही है; तो आप उस देश को किसी के भी द्वारा शोषित किए जाने, शिकार हो जाने की स्थिति में रख रहे हैं।

और दो हजार साल तक एक के बाद एक आक्रामक पर आक्रामक भारत आये,

उन्होंने इसे लूटा और वापस चले गये। अंत में मुसलमान आये और उन्होंने सोचा, 'वापस जाने की क्या जरूरत है ? हम न केवल लोगों को लूट सकते हैं, बल्कि यहीं बने रह सकते हैं और उन पर शासन कर सकते हैं।' और फिर आये अंग्रेज और फ्रेंच और पुर्तगाली, और उन सभी ने इस देश का शोषण करने की कोशिश की। उन सबकी अपनी छोटी-छोटी जेबें थी। अंग्रेज कहीं अधिक चालाक सिद्ध हुए। लेकिन पुर्तगालियों के पास दीव, दमन के द्वीप और गोवा था, और फ्रांस के पास देश का एक छोटा हिस्सा पांडिचेरी था। अंग्रेजों के कब्जे में पूरा देश था।

लोग हमेशा भूखे और कंगाल रहे; और लोग भूख से मरते रहे, और कभी किसी ने सोचा तक नहीं कि इस दुर्भाग्यपूर्ण स्थिति के लिए, जिससे भारत को हजारों वर्षों तक गुजरना पड़ा, किसी न किसी रूप में ये महान सिद्धांत जिम्मेवार हैं। और आज भी कोई उनके सभी अंतर्निहित परिणामों को देखने का प्रयास नहीं कर रहा है। हर महान सिद्धांत के पीछे उसकी अपनी काली बदली होती है। और जब तक तुम काली बदली को भी नहीं समझ लेते, शीघ्र ही तुम उस काली बदली द्वारा आच्छादित हो जाने वाले हो।

ईश्वर महानतम सिद्धांत लगता है जो कि युगों-युगों से आदमी को समझाया गया है; लेकिन किसी ने भी इसके अंतर्निहित परिणामों की ओर ध्यान नहीं दिया है। यदि ईश्वर ने आदमी को बनाया तो आदमी का अपना कोई व्यक्तित्व नहीं है। तब वह किसी गरिमा, किसी स्वतंत्रता का दावा नहीं कर सकता है। किसी कठपुतली के लिए यह घोषणा करने का प्रश्न ही नहीं है कि, 'मैं मुक्त होना चाहता हूं।' यदि ईश्वर ने ब्रह्मांड बनाया, तो ब्रह्मांड में जो हुआ, होना ही था। यही ईश्वर की मर्जी थी। हमारी ओर से किए गए किसी भी प्रयास से कुछ भी बदलने वाला नहीं था।

और अंततः तुम देख सकते हो, यदि ईश्वर ने संसार बनाया, और यदि आणविक शस्त्रों और जो लोग उन्हें बना रहे हैं उनके पीछे वही है, तब फिर मनुष्य की ओर से कोई प्रयास इस पूरे ग्रह के विध्वंस को रोक नहीं सकता है। विश्व का निर्माण एक काल्पनिक ईश्वर के हाथों में देना बहुत खतरनाक है। यह हमें बिलकुल नपुंसक बना देता है। हम कुछ भी नहीं कर सकते हैं।

इसलिए चेतना की मेरी सीधी-सी समझ यह है कि यदि ईश्वर फ्रेडरिक नीत्शे की घोषणा के साथ नहीं मर गया था, तो हमें उसे मार डालना होगा। तुम जहां भी उससे मिलो, 'हलो' कहने की भी जरूरत नहीं है। पहले उसे मार डालो और फिर तुम

'हलो' कह सकते हो-—बस औपचारिकता पूरी करने के लिए।

ऊपर आकाश में ईश्वर की मौजूदगी से मनुष्य हमेशा एक गुलाम ही रहेगा, और मनुष्य हमेशा अचेतन ही रहेगा। और मनुष्य कभी अपनी संभावनाओं के शिखर तक पहुंचने का प्रयास नहीं करेगा। ईश्वर को हटाकर संभव है तुम कुछ भय महसूस करो, सिर्फ पुरानी आदत के कारण, लेकिन वह भय विदा हो जायेगा।

एक बार तुम देख लेते हो कि तुम अपने पैरों पर खड़े हो और अपने में एक बेहतर चेतना को जन्माने के लिए, अपने में अधिक प्रेमपूर्ण हृदय पैदा करने के लिए तुम्हें ही कुछ करना होगा; क्योंकि प्रार्थनाएं बेकार हैं, उनको सुनने के लिए कोई नहीं है....हां, कभी-कभार वे सुनी गयी हैं। कम से कम एक बार तो निश्चित रूप से....।

एक गरीब व्यक्ति ईश्वर से लगातार चार महीने तक मांगता रहा, 'मुझे पचास डालर प्रदान करें। मैं अधिक नहीं चाहता, सिर्फ पचास डालर।'

पहले तो उसने प्रार्थना की, पर फिर उसने सोचा, 'लाखों लोग प्रार्थना कर रहे हैं, और ईश्वर एक है, और लाखों प्रार्थनाएं। मेरी तुच्छ प्रार्थना कभी उसके पास पहुंचती भी है....और उसके चारों तरफ इतना शोरगुल होगा—सभी चर्चों, सभी मसजिदों, सभी सिनागागों, सभी मंदिरों से प्रार्थनाएं—मेरी कौन परवाह करनेवाला है ? यही बेहतर है कि मैं एक पत्र लिखूं।'

उसने यह कहते हुए एक पत्र लिखा, 'यह आपको स्मरण दिलाने के लिए है कि मैं महीनों से प्रार्थना करता रहा हूं, लेकिन कोई उत्तर नहीं आया है। ऐसा लगता है मेरी प्रार्थना आप तक नहीं पहुंची! मैं समझ सकता हूं, क्योंकि आपके आस-पास इतनी प्रार्थनाओं का शोरगुल है। और बड़े-बड़े लोग प्रार्थना कर रहे हैं—पोप और आर्चबिशप और शंकराचार्य—तो कौन मेरी छोटी-सी प्रार्थना की परवाह करनेवाला है ? और मैं कुछ ज्यादा नहीं मांग रहा हूं—न जन्नत, न स्वर्ग, कुछ भी नहीं, सिर्फ पचास डालर। इसलिए अंततः मैंने पत्र लिखने का तय किया।' और उसने बड़े-बड़े अक्षरों में लिखा, 'पचास डालर ! स्मरण रखें, यह अति आवश्यक है।'

लेकिन फिर वह बहुत व्यथित हुआ, क्योंकि उसे पता मालूम न था, इस पर पता किसका लिखना। उसने सोचा, 'सबसे अच्छा यह होगा कि इस पर ईश्वर, द्वारा पोस्टमास्टर जनरल, पता लिखा जाये। यदि पोस्टमास्टर जनरल उसका पता नहीं मालूम कर सकता, तो और कौन कर सकता है ?'

वह पत्र पोस्टमास्टर जनरल के पास पहुंचा। उसने देखा और वह हंसा और

फिर उसे दुख भी हुआ। उसने सोचा, 'यह आदमी अवश्य ही अत्यधिक जरूरत में होगा, वरना कोई ईश्वर को पत्र नहीं लिखता। और वह कुछ अधिक नहीं मांग रहा है।'

इसलिए उसने अपने सभी मित्रों से कहा, 'जरा इस गरीब आदमी का पत्र देखो। तुम सभी लोग सहयोग करो, और हम उसको पचास डालर भेज देंगे। कम से कम एक बार तो कोई प्रार्थना उत्तरित होने दो।' उन्होंने पैसे इकट्ठे किये, लेकिन वे केवल पैंतालीस डालर ही इकट्ठे कर पाये। पोस्टमास्टर जनरल ने कहा, 'कुछ हर्जा नहीं, कम से कम हम इतना ही भेज दें।'

जब उस आदमी को पैंतालीस डालर मिले उसने डालर गिने, और उसने ऊपर की ओर देखा और चिल्लाया, 'ईश्वर, एक बात स्मरण रखना। अगली बार जब आप मुझे पैसे भेजें, कभी पोस्ट आफिस से नहीं भेजें! उन धूर्त लोगों ने अपना कमीशन काट लिया है। मुझे केवल पैंतालीस डालर ही मिले हैं।'

इसके अलावा मैंने ऐसी कोई प्रार्थना नहीं देखी जिसका उत्तर मिला हो—और वह प्रार्थना भी पूरी तरह नहीं सुनी गई।

कोई उत्तर देने वाला नहीं है। अस्तित्व तक एक भिन्न ढंग से पहुंचना होगा।

ईश्वर की पूजा करनी पड़ेगी, अस्तित्व को प्रेम करना होगा।

ईश्वर से प्रार्थना करनी पड़ेगी, अस्तित्व से ध्यान में जुड़ना होगा।

दुनिया में केवल दो प्रकार के धर्म हैं : प्रार्थना के धर्म और ध्यान के धर्म। तुम मेरा तात्पर्य समझ सकते हो। सभी प्रार्थना के धर्म ईश्वर में विश्वास करते हैं और ध्यान के धर्म किसी ईश्वर में विश्वास नहीं करते हैं। क्योंकि ध्यान तुम्हें अंदर ले जाता है और तुम्हें तृप्त करता है, प्रार्थना करने की कोई जरूरत नहीं है, किसी सांत्वना की कोई जरूरत नहीं है। तुम इतनी प्रफुल्लता में हो, इतनी आनंदमय स्थिति में हो कि तुम पूरी दुनिया पर आनंद की वर्षा कर सकते हो।

मैं तुम्हें अस्तित्व सिखाता हूं, और अस्तित्व में प्रवेश तुम्हारे अपने प्राणों से होकर है, इसलिए याद रहे—ध्यान प्रार्थना नहीं है, यह प्रार्थना के विपरीत है। प्रार्थना तो उसी झूठी बकवास—ईश्वर, स्वर्ग, नर्क—का ही हिस्सा है। प्रार्थना उसी कचरे का अंग है। ध्यान सिर्फ एकमात्र शुद्ध रास्ता है अस्तित्व के साथ जुड़ने का। और यह जुड़ना तत्काल एक मिलन और एक संगम हो जाता है। तुम स्वयं ही अस्तित्व हो जाते हो। तब तुम्हीं बादलों में हो और तुम्हीं सितारों में हो और तुम्हीं फूलों में हो और

तुम्हीं वर्षा में हो। हर जगह तुम्हीं हो। तुम अब एक बूंद नहीं हो, तुम सागर हो गये हो।

संपूर्णा, अस्तित्व और ईश्वर के बीच सुस्पष्ट विभाजन याद रखो। ईश्वर हमारी प्रतिभा पर कलंक है। यह अपमान को स्वीकार करना है। यह स्वीकार करना है, 'हम केवल कठपुतलियां हैं, तुम शक्तिवान हो। तुम हमारे साथ जो करना चाहो, तुम करोगे। हम केवल प्रार्थना कर सकते हैं।' यह तुम्हें इतना अपंग बना देता है। ईश्वर का खयाल ही जी मिचलाने वाला है। लेकिन अस्तित्व एक ताजगी है, और एक सौंदर्य है, और एक सत्य है।

इन दोनों शब्दों के साथ उधेड़बुन में कभी न पड़ो। एक वास्तविकता है, एक केवल कल्पना है।

6

ध्यान : एक आंतरिक तीर्थयात्रा

प्यारे भगवान,

विगत पांच वर्षों में मैंने कई सप्ताह धर्मगिरि में, एस. एन. गोयनका के निर्देशानुसार विपस्सना ध्यान का अभ्यास करते हुए एकांतवास में बिताये हैं। मैंने इतना दर्द, पीड़ा और संदेह पहले कभी नहीं जाना। फिलहाल मैं बहुत शक्तिहीन, थका-मांदा और अपने हृदय के साथ जुड़ने के लिए एक गहन अभीप्सा महसूस करता हूं। ध्यान के अभ्यास में मेरी रुचि कम होती जा रही है। प्यारे भगवान, क्या इस प्रकार के ध्यान के अभ्यास आवश्यक हैं? क्या ये सहायक हैं? क्या होश और उत्सव अकेले ही मन की गहराइयों को भेद सकते हैं और अंधेरी से अंधेरी रातों को दूर कर सकते हैं?

सागरेश, विपस्सना ध्यान की खोज गौतम बुद्ध द्वारा की गई थी और पच्चीस सदियों से बौद्ध अपने आपको सताते रहे हैं। अब तुमको एक ऐसा ध्यान जिसका पूरा संदर्भ ही गायब है, सीखने के लिए एस. एन. गोयनका के पास धर्मगिरि जाने को कहा किसने? वह ध्यान गौतम बुद्ध जैसे व्यक्ति के लिए बिलकुल ठीक था। हमेशा स्मरण रखो, हर बात एक विशेष संदर्भ पर निर्भर करती है, उससे संबंध रखती है।

एक जर्मन कवि हेन, एक बार बहुत दिन तक एक जंगल में भटक गया... पूरी तरह थका-मांदा, चूर-चूर, भूखा, उसे रास्ता नहीं मिलता था, न कोई व्यक्ति मिलता था जो उसे रास्ता बता सके। रातों में वह वृक्षों पर चढ़कर सोता, नहीं तो जंगली जानवर उसे चीर-फाड़ डालते। और पूर्णिमा की रात आयी। उसने बहुत सी कवितायें लिखी हैं, चांद उसका सर्वाधिक प्रीतिकर विषय था, और उसने उसके विषय में सुंदर गीत लिखे थे। लेकिन उस रात, थका और भूखा और भयभीत, उसने पूर्णिमा के चांद को देखा और वह विश्वास नहीं कर सका—उसने पूरे चांद में

जो देखा, वह उसने पहले कभी नहीं देखा था। और वह जीवनभर चांद को निहारता रहा था। उस रात उसने एक रोटी देखी !

तुम क्या देखते हो, यह तुम पर निर्भर है। लोग अपने प्रेमियों के चेहरे देखते हैं, लोग चांद में अपनी स्वप्न-सुंदरियां देखते हैं। लेकिन कभी किसी ने रोटी नहीं देखी। लेकिन उसका अनुभव बिलकुल प्रामाणिक था—लेकिन केवल उसके संदर्भ में।

मैं तुम्हें इसका खयाल दिला रहा हूं क्योंकि लोग भूल-भूल जाते हैं कि जिंदगी एक बहुत ही अंतर्संबंधित, परस्पर-निर्भर एक जागतिक इकाई है। तुम उसका एक हिस्सा निकालकर उसे जीवित और अर्थपूर्ण नहीं रख सकते। मैं तुमसे विपस्सना करने के लिए नहीं कहूंगा जब तक कि मैं तुम्हें गौतम बुद्ध का अनुभव भी न दे सकूं। बेचारे गोयनका यह नहीं समझ सकते। वह तो सिर्फ एक व्यापारी हैं। जिस संदर्भ में विपस्सना का जन्म हुआ, उस विषय में वह समझते ही क्या हैं ?

गौतम बुद्ध अत्यंत विलासिता में जिये थे, सुंदरतम लड़कियों के बीच, सुंदरतम महलों में। पूरी-पूरी रात उत्सव चलता था। दिन विश्राम के लिए था, और रात नृत्य और मदिरा के लिए। इस अनुभव से वह थक गये। वह सब सुंदर लड़कियां देख चुके थे, देखने के लिए और कुछ भी न था। वह देख चुके थे कि प्रत्येक पुरुष और स्त्री, पतली चमड़ी से ढंका हड्डियों का ढांचा भर है। एक क्षण के लिए जरा सोचो : यहां तुम सब पतली चमड़ी से ढके हड्डियों के ढांचे हो। और बहुत जल्दी यह शरीर और इसका सब सौंदर्य धूमिल होने लगता है।

उन दिनों में किसी भी शक्तिशाली और धनवान व्यक्ति के लिए जो कुछ देखना संभव था, उन्होंने वह सब देख लिया था। लेकिन उन्हें तृप्ति, शांति, मौन न मिल सका। वह स्वयं को न पा सके। सर्वथा विषाद में, एक रात वह महल से निकल गये—क्योंकि यह जिंदगी तो कुछ दिनों में या कुछ वर्षों में समाप्त होने वाली है। यह पकड़ने जैसी नहीं है। हर क्षण मौत समीप आ रही है, इसके पहले कि मौत तुम्हें पकड़ ले, कुछ ऐसा देख लेना है जो शाश्वत हो, जो अनश्वर हो।

तुम जो चारों तरफ देखते हो वह उसी पदार्थ से निर्मित है जिससे सपने बनते हैं। क्या तुम सोचते हो तुम्हीं इस पृथ्वी पर पहली बार हो ? इसी पृथ्वी पर लाखों-लाखों लोग आ चुके हैं और बस हवा में विलीन हो गये हैं। वैज्ञानिकों ने गणना की है कि जिस जगह पर तुम बैठे हो, कम से कम दस लोग उस जगह पर तुमसे पहले बैठ

चुके हैं। तुम दस लाशों पर बैठे हुए हो। और अपने बाबत कुछ ज्यादा मत सोचो, क्योंकि तुम बच नहीं सकते—तुम ग्यारहवें होगे। और याद रखना, यह तुम्हारे हंसने की बात नहीं है, वे दस लाशें तुम पर हंसेंगी : 'जरा देखो, बेचारा बड़ी-बड़ी बातें सोच रहा था और अंततः लाशों के ढेर में चारों खाने चित्त पड़ा है।'

गौतम बुद्ध द्वारा सत्य की, स्वयं की, जीवन के शाश्वत स्रोत की खोज, एक गरीब आदमी की खोज नहीं हो सकती, जो रोजी-रोटी की खोज कर रहा है। लेकिन लोग गौतम बुद्ध को तो पूर्णतया भूल गये हैं, उन्होंने उनका ध्यान बिना संदर्भ के ले लिया है। वह ध्यान कर सके क्योंकि उनके लिए सोचने को, इच्छा करने को, महत्वाकांक्षी होने को दुनिया में कुछ भी नहीं बचा था। एक प्रकार से जिस दिन वह घर से निकले, दुनिया समाप्त हो चुकी थी; फिर उन्होंने कभी पीछे मुड़कर नहीं देखा।

मुझे एक सुंदर कथा स्मरण आती है। बुद्ध को डर था कि यदि वह अपने ही राज्य के पहाड़ों में जाते हैं, उनके पिता के सैनिक उन्हें ढूंढ़ लेंगे, वह बच न सकेंगे। वह एक वृद्ध राजा के एकमात्र पुत्र थे, जो कि आशा कर रहे थे कि वह उनके उत्तराधिकारी होंगे। और उन्होंने उनके लिए एक बड़ा राज्य स्थापित किया था। इसलिए वह तत्काल अपने राज्य की सीमाओं के पार पड़ोसी राज्य में चले गये। और राजा बहुत क्षुब्ध था। उसने अपने सैनिकों को इंच-इंच जगह खोजने की आज्ञा दी : 'पूरे देश में हर जगह खोजो।'

गौतम बुद्ध नहीं मिले, लेकिन उन्हें खयाल नहीं था कि जिस राज्य में वह चले गये थे वह उनके पिता के मित्र का था। इसलिए पिता ने इस राजा को तथा अपने राज्य के चारों ओर के अन्य राजाओं को भी सूचित किया, 'आपको मेरे पुत्र का पता लगाना है। मेरी वृद्धावस्था में कम से कम इतना आप मेरे लिए कर सकते हैं, हम मित्र रहे हैं।'

पड़ोसी राजा ने गौतम बुद्ध को खोजा और उसने कहा, 'यदि तुम नाराज हो, यदि तुम्हारा तुम्हारे पिता से झगड़ा हो गया है....ऐसा हो जाता है। यह कोई नयी या अजीब बात नहीं है। पिता-पुत्र में झगड़े होते ही रहे हैं। चिंता न करो। मेरे सिर्फ एक लड़की है और कोई पुत्र नहीं है। मेरी लड़की से शादी कर लो और तुम्हारे एकसाथ दो राज्य हो जायेंगे। तुम्हारे पिता बूढ़े हैं वह अधिक लंबा नहीं जी सकते। और मेरा राज्य तुम्हारे पिता के राज्य से कहीं अधिक बड़ा है। वह मेरे मित्र हैं और मैं एक प्रार्थना लेकर आया हूं। तुम्हें कुछ भी खोना नहीं है, सबकुछ पाना ही है।

तुम्हें एक सुंदर पत्नी मिलेगी, एक बड़ा राज्य, और तुम्हारा अपना राज्य तो है ही। और तुम मुझसे या अपने पिता से बड़े राजा होगे क्योंकि तुम्हारा राज्य हमारे राज्यों से बड़ा होगा। तुम्हारे पास एकसाथ दो राज्य होंगे।

गौतम बुद्ध ने कहा, 'आप बात नहीं समझते हैं। मेरा अपने पिता से झगड़ा नहीं हुआ है, मैं उनसे नाराज नहीं हूं, और मैं यहां किसी लड़की की तलाश में नहीं आया हूं। मैं कितने भी बड़े राज्य में उत्सुक नहीं हूं। लेकिन मैं आपसे कुछ प्रश्न पूछना चाहूंगा; आप मेरे पिता के मित्र हैं। पहले मुझे बताएं, आप कहते हैं आपकी लड़की बहुत सुंदर है—क्या यह सौंदर्य हमेशा रहनेवाला है ? क्या वह एक दिन बूढ़ी नहीं होगी ?'

राजा ने कहा, 'तुम अजीब प्रश्न पूछते हो। हर कोई बूढ़ा होता है।'

'और आप क्या सोचते हैं,' गौतम बुद्ध ने पूछा, 'वह कभी मरेगी नहीं ?'

राजा हंसा। उसने कहा, 'तुम तो मजेदार व्यक्ति हो। हर कोई मरता है।

गौतम बुद्ध ने कहा, 'मैं उससे विवाह नहीं करना चाहता जो मरनेवाला हो।'

राजा ने कहा, 'वह कल ही नहीं मरनेवाली है।'

गौतम बुद्ध ने कहा, 'आप कोई वादा नहीं कर सकते। क्या आपको पक्का है, कल आप जीवित होंगे ?'

राजा ने कहा, 'मैंने इस विषय में कभी सोचा नहीं। मैं आशा करता हूं कि मैं जीवित रहूंगा, लेकिन मैं सुनिश्चित नहीं हो सकता हूं। लेकिन तुम मेरे मन में चिंता उत्पन्न कर रहे हो। मैं तुम्हें महल में ले चलने के लिए आया था और ऐसा लगता है तुम अपने साथ मुझे भी पहाड़ों पर ले चलने के लिए सहमत करने का प्रयास कर रहे हो।'

गौतम बुद्ध ने कहा, 'यह बेहतर है—अभी भी वक्त है, अभी भी उजाला है, संभव है आपको कुछ और दिन जी .. है। इन थोड़े-से दिनों को उसकी खोज में लगायें जो आपसे छीना नहीं जा सकता। आपकी जवानी चली जायेगी, आपका सौंदर्य चला जायेगा, आपका राज्य एक दिन किसी दूसरे का होगा। और इससे क्या फर्क पड़ता है, जब आप मर ही गये, कि आपका राज्य किसे मिलता है, वह आपका पुत्र है या किसी और का ?'

राजा ने कहा, 'तुम एक खतरनाक व्यक्ति हो। मैं तुमसे बात नहीं करना चाहता हूं।'

उसने गौतम बुद्ध के पिता को सूचित किया, 'मैं आपके पुत्र से मिला हूं; वह मेरे राज्य के पहाड़ों में है। मैंने कठिन प्रयास किया, लेकिन वह बहुत तर्कपूर्ण है। और उसने मुझमें इतनी चिंता पैदा कर दी है कि तब से मैं सोया नहीं हूं। मैं लगातार मृत्यु के विषय में सोच रहा हूं—मृत्यु के बाद क्या होगा ? इस बड़े राज्य को पाकर मैंने पाया क्या है ? अंदर तो मैं एक गरीब आदमी हूं। मैंने कभी अपने स्वयं के प्राणों में नहीं देखा है। मैं स्वयं से परिचित भी नहीं हूं। मैं तुमसे प्रार्थना करता हूं : उसे बाधा देने का प्रयास न करें, उसे जाने दें और उसे खोजने दें। जो हम चूक गये हैं, हम आशा कर सकते हैं कि शायद वह उसे पा लेगा।'

गौतम बुद्ध भीतर प्रवेश करते हुए इच्छाविहीन, विचारविहीन शांत बैठ सके, क्योंकि बाह्य उनके लिए सारा आकर्षण खो चुका था। वह यह देख चुके थे—यह एक घटना भर है—जैसे तुम कोई फिल्म देखते हो। लेकिन ऐसे भी मूढ़ हैं जो एक फिल्म देखकर भी रोयेंगे, धोयेंगे, हंसेंगे क्योंकि वे एकात्म हो जायेंगे और वे भूल ही जायेंगे कि पर्दे पर कुछ भी नहीं है, यह केवल एक प्रक्षेपित फिल्म भर है। हमारी पूरी जिंदगी उससे अधिक नहीं है, लेकिन यह जानने के लिए तुम्हें इससे गुजरना पड़ेगा। गौतम बुद्ध को जीवन को अनुभव करने का और उसकी व्यर्थता देखने का एक महान अवसर मिला था। इसने उन्हें गहन मौन में, अकंप बैठने का मौका दिया।

इन्हीं क्षणों में विपस्सना की खोज हुई।

यहां मेरा अपना प्रयास, सागरेश, तुम्हें विपस्सना जैसा ध्यान सीधा देने का नहीं है। यह स्थान कोई तपस्वियों का स्थान नहीं है—लोग सभी चीजों का आनंद ले रहे हैं। मैं चाहता हूं कि तुम भोगो और इसकी व्यर्थता को देखो। मैं देखना चाहता हूं कि तुम कितनी बार बुद्ध होते हो और कितनी बार तुम अबुद्ध होते हो। मैं जानता हूं कि एक दिन तुम थकोगे ही और तुम कहोगे, 'खतम !'

नंदन जैसा खतम नहीं—उसने फिर शुरू कर दिया है। लेकिन एक दिन वह भी खतम करने वाली है। जब वह अंतिम प्रेमी को अलविदा कह देगी, तब उसके लिये ध्यान करना संभव होगा, विशेषतः विपस्सना जैसा ध्यान करना। अन्यथा तो तुम आंखें बंद करके बैठ सकते हो और सुंदर लड़कियां तुम्हें तंग करेंगी। युगों-युगों से हजारों ध्यानियों का यही अनुभव रहा है : यह अद्‌भुत है, जिस क्षण तुम ध्यान करने बैठते हो, अचानक पता नहीं कहां से इतनी सुंदर लड़कियां आनी शुरू हो जाती हैं।

और तुम आंख खोलते हो और वहां कोई नहीं है।

और केवल लड़कियां ही नहीं। यदि तुमने धन नहीं जाना है तो धन के विचार; यदि तुमने शक्ति नहीं जानी है तो शक्ति के विचार; यदि तुमने नहीं जाना है कि ख्याति प्राप्त होने का क्या अर्थ है तो प्रसिद्ध होने की एक गहन आकांक्षा....और मन हजार विचार और इच्छाएं बुनता रहेगा।

और गोयनका जैसे तथाकथित शिक्षक तुम्हें सिखाते रहेंगे, 'इन विचारों को अपने मन में मत आने दो।' और जितना तुम उन्हें दूर हटाओगे, उतना ही वे और पास आयेंगे। तुम एक लड़की को भगाओगे और तुम पाओगे कि लड़कियों की लाइन लगी है, और लाइन के आखिर में सोफिया लारेन खड़ी है। अब स्वभावतः तुम सोचते हो, 'विपस्सना तो बाद में भी किया जा सकता है।'

एक व्यक्ति ने अपने मित्र से कहा, 'पिछली रात, मेरी जिंदगी का सबसे बड़ा अनुभव थी।'

दूसरे ने पूछा, 'क्या हुआ ?'

उसने कहा, 'मैं मछली मारने गया और मैंने इतनी बड़ी-बड़ीं मछलियां पकड़ी कि मैं विश्वास नहीं कर सका। एक-एक मछली को किनारे तक लाना भी मुश्किल था। और पूरी रात मैं मछलियां पकड़ता रहा।'

दूसरे ने कहा, 'यह कुछ भी नहीं है। तुम कह रहे हो तुम्हें सबसे बड़ा अनुभव हुआ—सबसे बड़ा अनुभव मुझे हुआ। पिछली रात जब मैंने सपना देखा, मैंने जो देखा मैं विश्वास नहीं कर सका। एक तरफ मर्लिन मनरो थी, बिलकुल नग्न; दूसरी तरफ सोफिया लारेन थी, बिलकुल नग्न।'

अगला व्यक्ति अपने को रोक न सका। उसने कहा, 'रुको। ऐसे मौके पर तुमने मुझे क्यों नहीं बुलाया ? और ऐसी दो स्त्रियों का तुम क्या करनेवाले थे ? तुम्हारे लिए एक काफी है ! एक तुम्हें अपने मित्र के लिए सोचनी चाहिए। तुम मुझे अपना घनिष्ठ मित्र कहते हो ?—यह अच्छी मित्रता है !'

उस आदमी ने कहा, 'तुमने पूरी बात नहीं सुनी। मैं तुम्हें देखने तुम्हारे घर गया था, लेकिन तुम्हारी पत्नी ने कहा कि तुम मछली मारने गये हो !'

यदि तुम्हारा जीवन अनुभव समृद्ध नहीं रहा है, यदि यह दमनकारी, धर्मों द्वारा शासित, संस्कारित घटनाक्रम रहा है, तो तुम विपस्सना नहीं कर सकते हो। पच्चीस सदियों से, लाखों लोग विपस्सना करते रहे हैं, कितने लोग गौतम बुद्ध हो पाये ?

मेरी अपनी दृष्टि बहुत सरल लेकिन बहुत अर्थपूर्ण है : अपने जीवन में तुम्हें कुछ भी दमित नहीं करना चाहिए। एक दमन-मुक्त उल्लासपूर्ण जीवन जियो। शीघ्र ही तुम पाओगे कि वे सब सुख और वे सब खुशियां खाली हैं। जब तक तुम अपने अनुभव से नहीं देख लेते कि सुख सुख नहीं बल्कि तुम्हें बहलाये रखने, तुम्हें बचकाना बनाये रखने के खिलौने हैं....एक बार तुम यह अपने अनुभव से देख लेते हो—स्मरण रहे यह सर्वाधिक आधारभूत बात है; यह तुम्हारा अपना अनुभव होना चाहिए—तब विपस्सना सबसे आसान ध्यान है। तुमको इसे सीखने के लिए किसी व्यापारी के पास नहीं जाना पड़ेगा।

बुद्ध कभी एस. एन. गोयनका के पास नहीं गये थे। उस समय भी इस तरह के लोग थे—व्यापारी, जो एक खास कीमत पर तुम्हें सिखाने के लिए तैयार थे।

मैं कभी गोयनका से मिला या उनको देखा नहीं हूं, लेकिन मैंने उनका एक इंटरव्यू देखा है। वह कहते हैं कि वह मुझसे मद्रास में मिले थे। अपनी पूरी जिंदगी में मैं सिर्फ एक बार मद्रास गया हूं, और मुझे पूरी तरह याद है, मैं किसी गोयनका से नहीं मिला। वह सीधा झूठ बोल रहे हैं। और उनका धर्मगिरि यहां से कोई बहुत दूर नहीं है। यदि वह मुझसे मिलना चाहते हैं, वह किसी भी दिन आ सकते हैं—शायद यही कोई पांच घंटे की यात्रा।

लेकिन उनकी हिम्मत नहीं है, क्योंकि मैं बहुत निर्दयी हूं। जब मैं किसी सियार को शेर होने का स्वांग करते देखता हूं, तो मैं वही करता हूं जो किया जाना चाहिए : पाखंड को छीन लेना, सियार को प्रकट कर देना।

उन्होंने प्रेम का जीवन नहीं जीया है; उन्होंने सुखों का जीवन नहीं जीया है; उन्होंने वह सब बिलकुल भी नहीं जीया है जो कि वह पृष्ठभूमि निर्मित कर सके जिसमें विपस्सना संभव है। वह तो सिर्फ बर्मा के एक शरणार्थी हैं। और चूंकि बर्मा एक बौद्ध देश है, वहां हर कोई विपस्सना जानता है; जैसे हर ईसाई ईसाई प्रार्थना जानता है, हर बौद्ध विपस्सना जानता है। बर्मा से आने के कारण वह बुद्धिगत रूप से विपस्सना का ढांचा क्या है, जानते हैं। और यहां उनको ध्यान की खोज करते बहुत लोग मिल गये।

और वह ऐसी स्थिति भी नहीं पैदा करते जिसमें उनके साथ जुड़ना तुम्हारे लिए खतरनाक होता हो। वह एक गैर-विवादास्पद व्यापारी हैं। यदि तुम धर्मगिरि जाते हो तो तुम किसी को नाराज नहीं करते। लेकिन यदि तुम यहां आते हो....तुम देखते

हो यहां अधिक भारतीय नहीं हैं। कारण स्पष्ट है : मेरे साथ किसी भी प्रकार से जुड़ना, बाहर के समाज द्वारा निंदित होना है। लोग कहना शुरू कर देते हैं कि तुम भी सम्मोहित हो गये, तुम भी भ्रष्ट हो गये!

धर्मगिरि सुरक्षित है, क्योंकि वह तुमसे नहीं कहते, 'तुम्हें परंपरा छोड़नी होगी; तुम्हें अपने संस्कार छोड़ने होंगे; तुम्हें उस सब ज्ञान के बाहर आना होगा जो तुम पर थोपा गया है। जब तक तुम इतने स्वच्छ नहीं हो जाते, असंस्कारित, अरूढ़िवादी—न हिंदू, न मुसलमान, न ईसाई—तुम ध्यान के जगत में प्रवेश करने में सक्षम न हो सकोगे। वह ऐसी कोई बात नहीं कहते। तुम जैसे हो बस वैसे ही विपस्सना में प्रवेश कर जाओ। तुमसे कुछ पूछा नहीं जाता कि पहले तुम्हें शुद्ध होने के लिए आग से गुजरना है, कि तुम्हें समाज, जो कि सर्वथा प्रदूषित है, से छुटकारा पाना होगा।

मैं चकित था कि जब मैं अमरीका में था, करीब-करीब हर हफ्ते कोई सैनफ्रांसिस्को से फोन करता, कोई न्यूयार्क से फोन करता कि, 'हम बम्बई से आ रहे हैं,' या 'हम पूना से आ रहे हैं और हम भगवान से मिलना चाहते हैं।' मैंने अपनी सचिव से कहा कि उन लोगों से कहो, 'भगवान पूना में सात वर्ष रहे हैं, आप उन्हें मिल नहीं सके ? वह फिर पूना वापस आ जायेंगे, तब आप उन्हें मिल सकते हैं।' बड़ा मजा है, एक भी नहीं आया। मैं यहां दो वर्षों से हूं। वे लोग जो फोन करते थे—बम्बई के, पूना के—वे द्वार में घुसने की हिम्मत भी नहीं जुटा पाये। अमरीका में वे खुश थे कि कोई नहीं जानेगा कि वे एक खतरनाक व्यक्ति से मिलने गये थे। यहां पत्नी रोना-धोना शुरू कर देगी, बच्चे कहेंगे, 'पापा, आप कहां जा रहे हैं ?' पड़ोसी इकट्ठे हो जायेंगे, कहेंगे, 'यह न करो, जरा बूढ़े मां-बाप को देखो।' अच्छा तमाशा बन जायेगा।

और तुम खुद ही अंदर गहरे में इतने कायर हो कि जो झूठ फैलाये गये हैं, तुम उन पर विश्वास कर लेते हो। तुम कभी देखने नहीं आते कि किसको सम्मोहित किया जा रहा है ? लेकिन समस्या यह है कि लोग कहते हैं, 'एक बार तुम वहां गये, तुम सम्मोहित हो जाओगे, तुम वही बातें कहना शुरू कर दोगे।' यह एक अद्‌भुत संसार है।

एक जर्मन संन्यासी यहां है। वह एक पुराना, अनुभवी पत्रकार है। वह स्टर्न पत्रिका से यहां जो हो रहा था लिखने के लिए आया था। लेकिन वह एक ईमानदार व्यक्ति था; उसने यहां जो हो रहा था ठीक-ठीक वही रिपोर्ट भेजी। उन लोगों ने

उसकी रिपोर्ट अस्वीकृत कर दी। उन्होंने कहा, 'तुम सम्मोहित हो गये हो।' यदि तुम झूठ बोलो, तुम सम्मोहित नहीं हो; यदि तुम सच बोलो, तुम सम्मोहित हो। उन्होंने उसका लेख प्रकाशित नहीं किया। उसने जोर डाला और अंततः उन्होंने इसे प्रकाशित किया, लेकिन उसे इसमें बहुत बदलाव करने पड़े। लेकिन उसे इतनी घृणा हो गई कि उसने इस्तीफा दे दिया और वापस लौट आया। और तबसे वह यहीं है, वह अमरीका में रहा; वह पुनः यहां है।

बहुत से लेखक हैं जो एक अजीब अनुभव पर आये . यदि वे एक विधायक वर्णन लिखें, वास्तविक, न पक्ष में न विपक्ष में, कोई उनकी किताब छापने को तैयार नहीं है। वे कहते हैं, 'ये किताबें बिकेंगी नहीं क्योंकि उनमें कोई सनसनी नहीं है, इनको सनसनीखेज बनाओ।' लेकिन सनसनीखेज बनायें कैसे? झूठ बोलो, कल्पनाएं गढ़ो जो कि है ही नहीं, और उनको छापने के लिए प्रकाशक तैयार हैं और पत्रिकाएं तैयार हैं। और ये किताबें और ये प्रकाशक और ये पत्रिकाएं दुनिया में चारों तरफ झूठी बातें फैलाते हैं। इसलिए लोग इतने डरे हुए हैं। लेकिन मेरा नाम लेना भी खतरनाक है।

मेरे एक संन्यासी ने—जो कि नोबल पुरस्कार विजेता है—नोबल पुरस्कार समिति के अध्यक्ष, नार्वे के सम्राट से कहा, 'एक व्यक्ति ने पांच सौ किताबें लिखी हैं और आपने इस पर ध्यान ही नहीं दिया है।'

सम्राट ने उसे सलाह दी, 'याद रखो उसका नाम भी कभी मत लेना। इस बार तो तुमने लिया क्योंकि तुम्हें पता न था, लेकिन अगली बार यह तुम्हारी नौकरी के लिए खतरनाक होगा'—वह अच्छे पद पर है—'यह तुम्हारी प्रतिष्ठा के लिए खतरनाक होगा। तुम तो बस इस व्यक्ति के विषय में भूल ही जाओ।'

और उसने मुझे कहा, 'मैं विश्वास नहीं कर सका कि वह आपके विषय में सुंनने को भी तैयार नहीं थे। उन्होंने औपचारिकतावश भी नहीं पूछा।' बल्कि इसके विपरीत उस दिन से वह उससे एक खास दूरी रखने लगे। जब भी कभी नोबल पुरस्कार समिति की बैठक होती वह उसे अपने समीप नहीं आने देते, साफ-साफ स्पष्ट कर देते कि एक चीन की दीवार उनके और उस बेचारे नोबल पुरस्कार विजेता के बीच खड़ी हो चुकी थी। और उसने एकमात्र अपराध यही किया था कि उसने मेरे नाम का उल्लेख किया था।

इंदिरा गांधी ने, जो कि एक बहुत शक्तिशाली महिला थी, कम से कम छह बार

यहां आने और मुझसे मिलने का समय तय किया, और हर बार सिर्फ एक दिन पहले एक टेलीफोन आता, 'एक अत्यावश्यक कार्य आ गया है और बैठक स्थगित करनी पड़ी है।'

वास्तव में, अब बैठक हमेशा के लिए ही स्थगित हो गई है! मेरी सचिव ने इंदिरा गांधी से पूछा, 'आप ऐसा क्यों करती हैं? यदि आप नहीं आना चाहतीं, हम आपको आने के लिए नहीं कह रहे। आप ही हमसे कहती हैं कि आप आना चाहती हैं।'

एक बार दिल्ली में वह मुझसे मिली थी और उसने कहा, 'तब से उस व्यक्ति की आंखें मेरा पीछा करती रही हैं और मैं उन्हें फिर मिलना चाहती हूं। और उन्होंने जो कुछ भी कहा उसने पूरा इतिहास बदल दिया है। मैं दूसरी समस्याओं पर उनकी सलाह चाहती हूं।'

मेरी सचिव ने कहा, 'तब आप मीटिंग रद्द क्यों कर देती हैं? क्योंकि यह तो बिलकुल पागलपन है कि हर बार उसी तारीख को कोई आपातस्थिति उत्पन्न हो जाती है।'

उसने कहा, 'तुमसे सच कहूं तो कोई आपातस्थिति नहीं रही है, सिर्फ मेरे सहयोगी, मेरा मंत्रिमंडल मेरे आड़े आता है। हर कोई कहता है, वहां मत जाओ, तुम अपना प्रधानमंत्री का पद भी खो सकती हो। इतनी अधिक ख्रलबली मचेगी—इससे बचो।'

सिर्फ एक ऐसे आदमी से मिलने जाने में जिसके पास कोई ताकत नहीं, जो राजनीति में उत्सुक नहीं है। लेकिन मैं समझ सकता हूं, वे राजनीतिज्ञ सही थे। यदि वह यहां आई होती तो मुसलमानों ने कहा होता, 'हम तुम्हें वोट देने वाले नहीं हैं।' हिंदुओं ने कहा होता, 'उस व्यक्ति ने हमारे वेदों के विरुद्ध बोला है, हम तुम्हें वोट देनेवाले नहीं हैं। उस व्यक्ति ने हमारे शंकराचार्य के विरुद्ध बोला है।'

इंदिरा गांधी जैसी शक्तिशाली महिला भी इतनी भीरु है कि जब वह आना चाहती है तो आ नहीं सकती, क्योंकि संभव है मतदाता एतराज करना शुरू कर दें, 'तुम उस व्यक्ति के पास सलाह के लिये गयीं? और वह व्यक्ति जो भी सलाह देता है, वह खतरनाक होने वाली है। पहली तो बात तुम सम्मोहित हो जाओगी।' और उसने मेरी सचिव से पूछा—एक पढ़ी-लिखी समझदार महिला, 'क्या यह सच है कि जो भी भगवान से मिलने जाता है, सम्मोहित हो जाता है?'

गोयनका जैसे लोग अविवादास्पद हैं, किंडरगार्टन स्कूल शिक्षक हैं। वे ध्यान की

गुह्यता को नहीं समझते हैं। विपस्सना अंत में आता है; तुम विपस्सना से शुरू नहीं कर सकते। विपस्सना से शुरू करने पर तुम्हें उससे गुजरना पड़ेगा जो तुम कह रहे हो : आत्मा की अंधेरी रात। और तुम्हें सुबह कहीं नहीं मिलेगी। अंधेरी रात अधिक अंधकारपूर्ण और लंबी होती चली जायेगी। यह एक सीधा-सा मनोविज्ञान है : तुम तैयार नहीं हो, तुमने गृहकार्य नहीं किया है, और तुमने ऐसा कार्य प्रारंभ किया है जिसमें अनुभव की गहन पृष्ठभूमि की जरूरत है। वे सभी मेरे विरुद्ध हैं क्योंकि मैं चाहता हूं कि तुम पहले इतनी उत्कटतापूर्वक जी लो जितना संभव हो।

मैं अहमदाबाद जाया करता था। अपने एक संन्यासी जयंतीभाई, मुझे एअरपोर्ट या रेलवे स्टेशन पर लेने आते और एक पुल से गुजरते समय अचानक कार की गति तीव्र कर देते। और मैं कहता, 'मामला क्या है ?'

उन्होंने कहा, 'मामला है यह बोर्ड,' क्योंकि मैं उन्हें बार-बार कहता रहता था, 'यह बोर्ड बहुत धार्मिक है। कभी-कभी इस बोर्ड के पास जाना चाहिए और इसे देखना चाहिए।'

यह एक विज्ञापन था, लेकिन बहुत सुंदर। इसमें कहा गया था, 'जी भर के जियो, गोल्ड स्पाट पियो।'

मैंने कहा, 'मुझे गोल्ड स्पाट से मतलब नहीं है, लेकिन जी भरकर जीना !'

लोग कुनकुने-कुनकुने जीते हैं। वे बस निम्नतम पर जीते हैं, क्योंकि उस निम्नतम से वे कई खतरों से सुरक्षित हैं। यदि तुम गिरना नहीं चाहते हो, तो घिसटो—तुम सुरक्षित हो ! और वही तो तुम अपनी जिंदगी में कर रहे हो। मैं कहता हूं जब मौसम है तब जी भरकर जी लो। और यह मौसम हमेशा नहीं रहेगा। झिझको मत, क्योंकि उसी झिझक में तुम समय गंवा रहे हो।

एक गुलाब का फूल सुबह की किरणों के साथ अपनी पंखुड़ियों को खोलने में झिझकता नहीं, भलीभांति जानते हुए भी कि सांझ होते-होते पंखुड़ियां बिखर जायेंगी और उनका चिह्न भी नहीं रह जायेगा। कि वह गुलाब का फूल हुआ या नहीं, बराबर ही होगा। लेकिन जब सूरज उग रहा है और हवा नाचने के लिए निमंत्रण दे रही है, वह गुलाब नाचता है।

सभी धर्मों ने तुम्हारे नृत्य को छीन लिया है। उन्होंने तुम्हें पंगु कर दिया है, उन्होंने तुम्हारी संवेदनशीलता नष्ट कर दी है। उन्होंने तुम्हारी प्रतिभा कुंद कर दी है और फिर वे कहते हैं, 'विपस्सना करो।'

जिस व्यक्ति ने भरपूर जिया है वह विपस्सना करेगा ही—लेकिन जीवन के संध्या काल में। उसने दिन देखा है। यह सुंदर था, लेकिन यह क्षणभंगुर था, यह जा भी चुका। अब उसकी खोज शुरू होती है जो आता है और कभी जाता नहीं।

अद्‌भुत हिंदू शास्त्रों में से एक है बादरायण का ब्रह्मसूत्र। इसमें पहला सूत्र है : अथातो ब्रह्म जिज्ञासा—अब ब्रह्म की जिज्ञासा। वह 'अब' लगभग दो हजार वर्षों या और भी अधिक समय से एक समस्या रही है कि इसकी क्या व्याख्या करें ? क्योंकि यहीं से शुरुआत है। शास्त्र 'अब' से शुरू नहीं होते। ऐसा लगता है जैसे इससे आगे कुछ छूट गया है। और अब बादरायण के अथातो पर कई टीकाएं हैं, लेकिन कोई भी बात को नहीं समझा। वह व्यक्ति कह रहा था, 'तुमने भरपूर जी लिया है; तुमने गहनता से प्रेम कर लिया है; तुम जो करना चाहते थे वह सब तुमने बिना दबाये, बिना विरोध किये कर लिया है। अब यह ब्रह्म की जिज्ञासा का समय है। लेकिन केवल अब। यदि तुम पूरे नहीं जिये हो तो जो अनजीया रह गया है, वह तुम्हारे मन में चलता रहेगा। जो दबाया गया है वह तुम्हारा ध्यान खींचता रहेगा। तुम्हारा दिल और तुम्हारा मन अनजीये, दमित, उपेक्षित, निंदित द्वारा खींचे जाते रहेंगे और तुम शांति से नहीं बैठ सकते हो।'

अन्यथा विपस्सना कोई प्रयास नहीं है, यह एक बहुत सहज अनुभव है। जिंदगी के पूरे गर्म दिन के बाद, जब तुम इस सबकी व्यर्थता देखते हो....तुम्हें ही देखनी होती है। तुम दूसरों की आंखों से नहीं देख सकते। तुम्हें खुद अपनी ही आंखों से व्यर्थता देखनी होगी। तब फिर क्या समस्या है ? तुम शांत बैठ जाते हो, तुम चुपचाप अपने भीतर, अपनी आंतरिकता में स्थित हो जाते हो।

विपस्सना शब्द का सीधा-सा अर्थ है दृष्टि, स्पष्टता, सत्य को सीधा देखना। लेकिन यदि कोई बात—कोई बहुत छोटी सी बात भी हो सकती है—तुम्हारे अचेतन में है, जो तुम हमेशा से चाहते थे, यह तुम्हारी दृष्टि को निर्मल न होने देगी। यह बार-बार प्रयास करेगी, 'मैं अभी तक अतृप्त हूं।'

पहले वह अनुभव ले लो जिससे तुमने स्वयं को वंचित रखा है। और ये सभी धर्म तुम्हें यह न करने, वह न करने के लिए सिखाते रहे हैं, उन्होंने पूरी मनुष्यता को पागल कर दिया है। अन्यथा लोग जैसे हैं सुंदर हैं। यदि वे स्वाभाविकता से जीयें, एक दिन वे पकने ही वाले हैं, एक दिन वे परिपक्व होने ही वाले हैं। एक दिन वे इस तथाकथित इच्छाओं, महत्वाकांक्षाओं, ईर्ष्याओं के संसार से आगे बढ़ने ही

वाले हैं। उस विकास के बाद विपस्सना कृत्य नहीं है : यह एक अकृत्य है। तुम बस मौन बैठते हो और यह तुम पर बरसना शुरू हो जाता है जैसे कि पूरा आकाश तुम्हारे मौन में आनंद मना रहा है।

गौतम बुद्ध के एक शिष्य मंजुश्री—जो स्वयं बुद्ध हुआ—के विषय में एक कहानी इसका ठीक-ठीक वर्णन करती है। वह अपने पेड़ के नीचे मौन बैठा है और उसके ऊपर फूल बरसने शुरू हो जाते हैं। वे फूल दृश्य नहीं हैं, लेकिन उनमें सुवास है और उनमें तुम्हारे पूरे प्राणों को रूपांतरित करने की अद्‌भुत शक्ति है।

सागरेश, एक ढंग से यह अच्छा था कि तुम एस. एन. गोयनका के सिखाये अनुसार विपस्सना ध्यान करने धर्मगिरि एकांत में गये। यह अच्छा अनुभव रहा। तुम कहते हो, 'मैंने ऐसा दर्द कभी नहीं जाना।' तुम इसी लायक थे। वहां तुम गये क्यों थे ?

तुम कहते हो, 'मैंने पहले कभी इतनी पीड़ा और संदेह अनुभव नहीं किया। फिलहाल मैं शक्तिहीन, थका-मांदा महसूस करता हूं।' बहुत ठीक ! कम से कम तुम जिंदा तो हो। बस कुछ दिनों का विश्राम, मेरे कम्यून में कुछ दिनों का पोषण और सारा दर्द, सारी पीड़ा और सारा संदेह और सारी थकान दूर हो जायेगी'

यदि तुमने मुझे ठीक-ठीक समझा है तो यह पहले ही विदा हो चुका है। तुम नाच रहे होगे, गा रहे होगे, आनंद मना रहे होगे।

यहां हमारे लिए इतने ध्यान हैं, लेकिन मैंने विपस्सना एकदम आखिर में रखा है। पहले दूसरे तमाम प्रकार के अनुभवों से गुजरो, स्वच्छ होओ, ताकि तुम विपस्सना में प्रवेश के लिए समर्थ हो सको। लोग सीधे स्वर्ग में छलांग लगा देना चाहते हैं, और वे जहां खड़े हैं उस जगह को नहीं देखते, कि यदि वे वहां से कूदे तो उनकी हड्‌डी-पसली एक हो जायेगी। व्यक्ति को सीढ़ियों तक जाना होता है और व्यक्ति को होश से, सावधानीपूर्वक एक-एक कदम चलना होता है। यह एक तीर्थयात्रा है।

लेकिन यह अनुभव सच में बहुत अच्छा रहा। तुमको इसकी जरूरत थी। अब तुम्हारे लिए ध्यान की मेरी व्यवस्था को देखना आसान होगा। तुम कह रहे हो, 'ध्यान के अभ्यास में मेरी रुचि कम होती जा रही है।'

तुम्हारी रुचि धर्मगिरि में कम होनी चाहिए, ध्यान में नहीं। बस जरा यह बात अभी नयी-नयी है, घाव ताजा है....थोड़ी प्रतीक्षा करो और थोड़े दिनों में तुम यहां विपस्सना कर रहे होओगे। लेकिन यहां विपस्सना एक रसपूर्ण अनुभव है; यह

रूखा-सूखा नहीं है।

बौद्ध मुल्कों में जो विपस्सना प्रचलित है, उससे मेरे कुछ मतभेद हैं। उन लोगों ने इसे बिलकुल रूखा-सूखा मरुस्थल जैसा बना दिया है; कोई फूल नहीं खिलते, कोई हरियाली नहीं; हर चीज बस काम-धंधे जैसी है। मैं चाहता हूं तुम खेल की तरह ध्यान सीखो, क्रीड़ा की तरह। तुम्हारा ध्यान और तुम्हारा प्रेम पर्यायवाची होने चाहिएं। और यही तो तुम मांग रहे हो। तुम कह रहे हो, 'मैं अपने हृदय के साथ जुड़ने के लिए एक गहन अभीप्सा महसूस करता हूं।

उस आदमी, एस. एन. गोयनका ने तुम्हें तुम्हारे हृदय से तोड़ दिया है, क्योंकि बौद्ध परंपरा में हृदय के लिए स्थान ही नहीं है। यह सत्य की दिशा में बहुत रूखा-सूखा मार्ग है।

बुद्ध प्रेम शब्द का उल्लेख भी कभी नहीं करते। वह इतना भयभीत थे कि लगातार बीस वर्षों तक उन्होंने स्त्रियों को अपने कम्यून में दीक्षित होने की अनुमति नहीं दी—क्योंकि स्त्रियां लाइलाज हैं। तुम कुछ भी करो, वे कुछ न कुछ रस ले ही आयेंगी। कुछ फूल, कुछ न कुछ मरुस्थल में भी खिलना शुरू हो जायेगा। एक स्त्री के लिए असंभव है कि हृदय न हो। यह पुरुष के लिए बहुत आसान है हृदय न होना। स्त्री हृदय है और पुरुष सिर है। और एक बार तुम स्त्रियों को इनकार कर देते हो, तो रूखे सिर ही बचते हैं—नारियल।

मेरा अपना ढंग है, मैं कभी कोई भेद नहीं करता कि कोई स्त्री है या पुरुष। यहां उस हर किसी का स्वागत है जो राह का खोजी है। इसलिए यह पूर्णतया अलग कम्यून है, ऐसा कम्यून पहले कभी नहीं हुआ। यहां तुम नाच और गा सकते हो, यहां तुम प्रेम में पड़ सकते हो और प्रेम से बाहर आ सकते हो, कोई परेशानी नहीं है।

यहां जीवन अपनी समग्रता में स्वीकृत है। और इस समग्र स्वीकार में वह सजगता आती है जो तुम्हें ध्यान करने की सामर्थ्य देगी। और यह ध्यान गौतम बुद्ध के किसी विपस्सना से कहीं अधिक समृद्ध होगा। यह ध्यान तुममें गीत पैदा कर सकता है; तुममें नृत्य पैदा कर सकता है; जीवन के सभी आयामों में सृजनात्मकता की एक नयी विधा दे सकता है।

तुम्हारा मौन किसी कब्रिस्तान का मौन नहीं होना चाहिए, तुम्हारा मौन एक बगीचे का मौन होना चाहिए। कभी-कभार कोई पक्षी गाना शुरू कर देता है, लेकिन वह मौन को भंग नहीं करता, वह उसे और गहरा कर देता है। कभी अपने गीत के साथ

हवा आती है, देवदार वृक्षों से गुजर जाती है, लेकिन यह मौन को तोड़ती नहीं, यह उसे और गहरा कर जाती है।

मैं तुम्हें मरुस्थल नहीं सिखाता, मैं तुम्हें बगीचा सिखाता हूं, हृदय का बगीचा। यहीं पर मेरा गौतम बुद्ध से, अतिसम्मान के साथ, मतभेद है। मैं उन्हें प्रेम करता हूं, लेकिन इसका यह मतलब नहीं है कि उनके द्वारा किए गए हर कृत्य के साथ मुझे सहमत होना होगा। उनका ध्यान हृदयविहीन है और जो ध्यान हृदयविहीन हो, किसी कीमत का नहीं है। मैं ऐसा ध्यान चाहता हूं, जो हंस सकता हो, जो नाच सकता हो।

सागरेश, तुमने अच्छी पीड़ा झेली। इसे ही पूरब में लोग कर्म का सिद्धांत कहते हैं। तुमने जरूर अपने पिछले जन्म में कोई घोर पाप किया होगा, नहीं तो तुम धर्मगिरि क्यों जाते ? इतनी जगहों में धर्मगिरि ही मिली ! लेकिन एक ढंग से यह अच्छा ही है। वह दुष्कृत्य और उसका दंड पूरा हो गया। अब तुम नयी शुरुआत कर सकते हो।

मैं तुम्हें ऐसा ध्यान सिखाता हूं जो कि उस सबसे बिलकुल अलग है जो कि अभी तक ध्यान के नाम पर सिखाया गया है।

अब कुछ बातें सिर्फ तुम्हें तुम्हारे दर्द और तुम्हारी पीड़ाओं और तुम्हारी थकान से मुक्त करने के लिए, और इसे भुलाने में तुम्हारी मदद करने के लिए कि तुम कभी धर्मगिरि में रहे। तुमने केवल इसका स्वप्नमात्र देखा; धर्मगिरि जैसी कोई जगह ही नहीं है; इस एस. एन. गोयनका नामक प्राणी का अस्तित्व ही नहीं है; यह केवल एक दुःस्वप्न था।

एक व्यक्ति ने न्यूयार्क की एक गली में अपनी कार किनारे खड़ी की। लेकिन जब वह वापस आया तो उसने देखा कि किसी ने उसकी कार के पिछले हिस्से में टक्कर मार दी थी।

कार के सामने के कांच पर उसे एक कागज मिला जिसमें लिखा था :

श्रीमान जी, मैंने आपकी कार में टक्कर मार दी है। जिन लोगों ने टक्कर होते देखी, वे इस समय मुझे देख रहे हैं। वे सोच रहे हैं कि मैं अपना नाम और पता लिख रहा हूं, ताकि आप हुए नुकसान के संबंध में मुझसे संपर्क कर सकें। वे सब के सब मूढ़ों की जमात हैं !

एक गली में एक साफ-सुथरे कपड़े पहने एक फेरीवाला हाइमी गोल्डंबर्ग को रोकता है और कहता है, 'श्रीमान जी क्या आप दस रुपये में एक टूथब्रश खरीदना चाहेंगे ?'

'दस रुपये ?' हाइमी चिल्लाता है। 'यह तो लूट है !'

ऐसा दिखता है कि यह सुनकर फेरीवाले को दुख हुआ। 'अच्छा तो,' वह कहता है, 'दस पैसे में घर में निर्मित एक चाकलेट केक के विषय में क्या इरादा है ?'

यह ठीक मालूम पड़ता है, इसलिए हाइमी दस पैसे उस व्यक्ति को देता है और केक का कागज निकालकर एक टुकड़ा खाता है। अचानक वह चीखता है और थू-थू करके थूकता है। 'हे ईश्वर !' वह चिल्लाता है, 'इस केक का स्वाद तो गोबर जैसा लगता है।'

'वही है,' फेरीवाला उत्तर देता है। 'अब कहिए क्या टूथब्रश खरीदना चाहते हैं ?'

7

फैलाओ प्रेम की लहर

प्यारे भगवान,

उस दिन सुबह के प्रवचन के द्वारा मैं इतनी आतंकित एवं व्यग्र हो गयी :
इस अविश्वसनीय रूप से सुंदर ग्रह को बचाने के लिए व्यग्र,
और आतंकित इसलिए कि हमारे खिलाफ इतनी मुश्किलें हैं
और कुछ कर पाने के लिए मैं इतना महत्वहीन व असहाय अनुभव करता हूं।
एक ही काम करने को सूझता है और वह है कि जितना हो सके मैं
आपके पास रहूं—अपनी चेतना को पोषित करते हुए और आपके
जीवन-दर्शन को सहयोग देते हुए।
क्या इससे अधिक कुछ किया जा सकता है ?

नयना, मैं तुम्हारी व्याकुलता, तुम्हारी असहायता समझ सकता हूं। शायद हर मनुष्य जो इस संकट की स्थिति के प्रति सजग है, ऐसा ही महसूस करता है। लेकिन तुम एक बड़ी शक्ति के प्रति सजग नहीं हो। विध्वंस एक निम्न श्रेणी की शक्ति है, सृजन एक उच्च श्रेणी की शक्ति है। विध्वंस घृणा से आता है, सृजन प्रेम से आता है।

तुमने देख लिया है कि घृणा मानवता को कहां ले जा सकती है—इसके अंतिम आत्मघात तक। लेकिन तुमने यह संभावना नहीं देखी है कि अपनी ऊंचाइयों तक पहुंचता प्रेम इस विपदा को घटने से रोक सकता है। कोई भी व्यक्ति नगण्य नहीं है, क्योंकि हर किसी के पास एक हृदय है और हर कोई प्रेम करता है और हर कोई संवेदनशील है, चेतनशील है और वह अस्तित्व के चरम शिखर तक पहुंच सकता है। एक अकेला व्यक्ति भी इस महान संकट को टाल सकता है, फिर प्रेम और आनंद और मौन से भरे लाखों लोगों का तो कहना ही क्या ?

मुझे ओल्ड टेस्टामेंट के दो शहरों सोडोम और गोमोरा, के बाबत एक कहानी का स्मरण आता है। दोनों शहर पूरी तरह से काम-विकृत हो गये थे। सभी प्रकार की

विकृतियां प्रचलित थीं। कहानी बहुत सुंदर है; यह तुम्हें हिम्मत बंधायेगी, यह तुम्हारी व्याकुलता दूर करेगी। यह तुम्हें एक समग्र व्यक्ति के रूप में खड़ा करेगी, जीवन और प्रेम का प्रतिनिधित्व करते हुए, जिसे कोई आणविक शस्त्र, कोई राजनीतिज्ञ नष्ट नहीं कर सकते। ईश्वर भी सोडोम और गोमोरा को नष्ट नहीं कर सका।

यहां पर मैं तुम्हें याद दिला दूं कि ओल्ड टेस्टामेंट के वृत्तान्त में उसने शहरों को नष्ट कर दिया। उन लोगों को बदलना असंभव था; वे विकृत व्यवहारों के इतने अभ्यस्त हो चुके थे। हो सकता है तुम्हें पता न हो कि 'सोडोम' शब्द का अर्थ होता है पशुओं के साथ संभोग करना। इसी कारण पूरा शहर सोडोम कहा जाता था। और आज भी पशुओं से संभोग करने को सोडोमी कहा जाता है। और गोमोरा शब्द की तरंगें ही इसके अर्थ का भाव बताने के लिए पर्याप्त हैं : गनोरिआ।

लेकिन कहानी एक विशेष मोड़ ले लेती है, और उसी बात पर मेरा जोर है। यहूदी धर्म में विद्रोहियों की, क्रांतिकारियों की एक छोटी-सी धारा है—उन्हें हसीद कहा जाता है। उन्हें कट्टरपंथियों द्वारा प्रामाणिक नहीं माना जाता, क्योंकि वे परंपरा की, रूढ़ियों की उस हर चीज के विपरीत जाते हैं जो कि मानव हृदय को, समझ को, संवेदनशीलता को, चेतना को जंचता न हो। उन्होंने अपनी ही कहानी लिख ली है।

उनकी कहानी है कि वहां एक आदमी रहता था—एक हसीद। वह छह महीने गोमोरा में और छह महीने सोडोम में रहा करता था। वह ईश्वर के पास गया और उसने उससे कहा, 'क्या आपने इस संभावना पर भी सोच लिया है कि इन दोनों शहरों में एक सौ सर्वथा नैसर्गिक, बुद्धिमान लोग हो सकते हैं ? क्या आप उनको भी नष्ट कर देने वाले हैं, क्योंकि दूसरे लोग विकृत हैं ? तो यह बहुत बड़ा अन्याय होगा, शुद्ध अन्याय और आप पर यह एक कलंक होगा। अतः आप पुनः सोचें !'

ईश्वर ने यह संभावना नहीं सोची थी। अवश्य ही उन दो बड़े शहरों—होंगे वे करीब-करीब हिरोशिमा और नागासाकी जैसे—में एक सौ समझदार, नैसर्गिक, सजग लोग जरूर होंगे। वे भी नष्ट हो जायेंगे, और यह ईश्वर की दिव्यता के साथ तालमेल में नहीं बैठेगा, यह बिलकुल बेहूदा होगा।

इसलिए ईश्वर ने कहा, 'यदि तुम सिद्ध कर सको कि वहां एक सौ नैसर्गिक लोग हैं, मैं उन दो शहरों को नष्ट नहीं करूंगा।'

हसीद ने कहा, 'और यदि केवल पचास लोग हों, तो क्या आप नष्ट करनेवाले हैं ?'

हसीद संत ने ईश्वर को उलझा लिया था। उसने कहा, 'यदि तुम पचास भी सिद्ध कर सको.... !'

और संत ने कहा, 'यदि केवल पच्चीस लोग हों ? इससे क्या फर्क पड़ता है ? आपके लिए संख्या महत्वपूर्ण है या गुणवत्ता—संख्या या गुणवत्ता ?'

ईश्वर ने कहा, 'निश्चित ही गुणवत्ता। '

और हसीद ने कहा, 'यदि गुणवत्ता है तो आपसे सच कहूं तो केवल मैं ही एक आदमी हूं जो विकृत नहीं है, जो एक आनंदमय, नैसर्गिक जीवन जी रहा है। लेकिन मैं छह महीने गोमोरा में और छह महीने सोडोम में रहता हूं। क्या आप उन शहरों को नष्ट करने वाले हैं ?'

ईश्वर का कभी इतने बुद्धिमान व्यक्ति से सामना नहीं हुआ था। एक सौ से वह उसे एक पर ले आया था। कोई यहूदी ही यह कर सकता है! वे जानते हैं कैसे सौदा पटाना—और उसने पटा लिया।

यहूदी कथा-वृत्तांत में ईश्वर ने वे दो शहर नष्ट कर दिये, लेकिन हसीदी वृत्तांत में नहीं। वे शहर बच गये, क्योंकि सिर्फ इसलिए कि पूरा शहर विकृत हो गया था, एक अकेले गुणवान व्यक्ति, एक अकेले प्रज्ञावान व्यक्ति को भी ईश्वर नष्ट नहीं कर सकता था।

नयना, मैं तुम्हें यह इसलिए कह रहा हूं, ताकि तुम आतंकित न होओ। तुम्हें केवल सजग होना है। मैं तुम्हारा प्रश्न पढ़ता हूं :

'उस दिन सुबह के प्रवचन द्वारा मैं इतनी आतंकित एवं व्यग्र हो गयी। ' आतंकित होने की कोई जरूरत नहीं है और व्यग्रता अनुभव करने की भी कोई जरूरत नहीं है। यदि एक हसीद दो शहरों की रक्षा के लिए अस्तित्व को राजी कर सकता है, तो हमारे पास हजारों हसीद हैं। हर संन्यासी एक हसीद है। अस्तित्व रोनाल्ड रीगन जैसे कुछ मूढ़ों को इस जगत को नष्ट करने की अनुमति नहीं दे सकता है।

लेकिन इसका यह अर्थ नहीं है कि तुम्हें बस चुप रहना है। तुमको अपने चारों ओर प्रेम का एक विशाल वातावरण पैदा करना होगा वही सुरक्षा बनेगा; तुम्हें नृत्य करना, गीत गाना सीखना होगा। इन राजनीतिज्ञों को जता दो कि यह पृथ्वी अभी भी खूबसूरत लोगों से भरी है—इतने अधिक गीत और इतना संगीत और इतना सृजन और ध्यान करते इतने अधिक लोग ! वे एक बार फिर सोचने के लिए बाध्य होंगे।

अपने पक्ष में, हमें युद्ध रोकने के लिए और अधिक बड़े आणविक अस्त्रों की जरूरत नहीं है—यही समस्या है। हमें किसी बिलकुल भिन्न चीज की जरूरत है। प्रेम तुम्हें ऊर्जा देगा, ध्यान तुम्हें अद्‌भुत शक्ति देगा और फिर तुम स्वयं को इतना असहाय नहीं महसूस करोगी, तुम सार्थक और गरिमाशाली महसूस करोगी, क्योंकि तुम्हारा प्रेम, तुम्हारा ध्यान, तुम्हारी प्रफुल्लता ही दुनिया को बचाने वाली है।

और फिक्र मत करो कि तुम कुछ भी करने में असहाय हो। असहायपन का खयाल भी इसलिए उठा है क्योंकि तुम्हें कभी नहीं बताया गया है कि तुम्हारी सामर्थ्य क्या है। तुमने अपनी संपदा को कभी देखा ही नहीं है—तुम्हारा प्रेम, तुम्हारा मौन, तुम्हारी शांति, तुम्हारी करुणा, तुम्हारा आनंद। तुमने कभी अपनी इन सब अथाह संभावनाओं की ओर नहीं देखा है। और यदि हजारों लोग प्रेम, संगीत और नृत्य में खिल जायें, और पूरी पृथ्वी एक महोत्सव हो जाये, तो कोई रोनाल्ड रीगन इस जगत को नष्ट न करेगा। वह असहाय अनुभव करेगा, वह इतने सुंदर लोगों और इतने सुंदर ग्रह को नष्ट करने में ग्लानि अनुभव करेगा।

तुम मुझसे पूछती हो, 'एक ही काम करने को जो सूझता है वह है कि जितना हो सके मैं आपके पास रहूं—अपनी चेतना को पोषित करते हुए और आपके जीवन-दर्शन को सहयोग देते हुए। क्या इससे अधिक कुछ किया जा सकता है ?'

यह काफी है। अधिक की जरूरत नहीं है; अधिक तुम्हें अनावश्यक रूप से चिंतित रखेगा। और चिंता दोलन-कुर्सी की तरह है—यह तुम्हें चलाए रखती है लेकिन कहीं पहुंचाती नहीं! चिंता करने की कोई जरूरत नहीं है. और व्यग्रता, असहाय अनुभव करने की कोई जरूरत नहीं है। यदि कुछ मूढ़ों ने इस ग्रह की मौत का इंतजाम किया है, तो लाखों समझदार लोग हैं जो सिर्फ अपने प्रेम से, अपने आनंद से, अपने सौंदर्य से, अपनी मस्ती से इसे रोक सकते हैं। ये कहीं अधिक शक्तिशाली अनुभव हैं, क्योंकि परमाणु ऊर्जा, या आणविक ऊर्जा भौतिक जगत का हिस्सा है। यह पदार्थ के सबसे अंतिम, सबसे छोटे कण, परमाणु का विस्फोट है।

हम अभी तक नहीं समझे है कि प्रकृति में हमेशा एक परिपूर्ण संतुलन है। अगर एक छोटा-सा परमाणु-विस्फोट विध्वंस कर सकता है....कभी तुमने अपने प्राणों के जीवंत परमाणु और इसके विस्फोट के विषय में सोचा है ? दूसरे शब्दों में इसे हम बुद्धत्व कहते रहे हैं। यह तुम्हारे प्राणों का प्रकाश में विस्फोट ही है। और तब अचानक तुम्हारे पास कहीं अधिक उच्च और श्रेष्ठ शक्ति है। इसे निकृष्ट के साथ

लड़ने की जरूरत नहीं होती, इसकी उपस्थिति ही निकृष्ट को शक्तिहीन कर देगी।

लेकिन इसका प्रयोग बड़े पैमाने पर नहीं किया गया है, केवल कभी-कभार। लेकिन वे बिरले उदाहरण निश्चित ही इस बात के प्रमाण हैं कि यदि प्रयास किया जाये, हर मनुष्य चेतना का एक विस्फोट बन सकता है—जो कि कहीं अधिक श्रेष्ठ ऊर्जा है—और इन सभी आणविक शस्त्रों और उन लोगों को जो उन्हें इकट्ठा किये हुए हैं बिलकुल शक्तिहीन और अपराधी बना देता है।

कुछ उदाहरण तुम्हारे लिये मददगार होंगे। वे अतथ्यगत लगते हैं क्योंकि वे विरले हैं, क्योंकि अधिक लोगों ने उन पर प्रयोग नहीं किए हैं। गौतम बुद्ध का एक शिष्य—उनका चचेरा भाई देवदत्त—स्वभावतः उनकी असीम महिमा और असर तथा लोगों पर गौतम बुद्ध के प्रभाव के प्रति वह ईर्ष्यालु था। जो भी उनके पास आया, वैसा ही वापस नहीं लौटा। उसके प्राणों में ही कुछ बदल गया। बुद्ध ने एक बीज डाल दिया; सही समय पर वह व्यक्ति वापस लौट आयेगा, जब बादलों से पहली फुहार पड़ती है।

लेकिन अंधे देवदत्त के लिए यह अप्रगट था—वह शारीरिक रूप से अंधा नहीं था, लेकिन आध्यात्मिक रूप से वह अंधा था। वह कुछ न समझ सका कि मामला क्या था। वह गौतम बुद्ध जितना ही सुंदर था, उनका चचेरा भाई ही था, उतना ही शिक्षित, उन दिनों की विधाओं में उतना ही सुसंस्कृत। कोई प्रश्न नहीं था कि गौतम बुद्ध श्रेष्ठ थे और वह नहीं था, क्योंकि वह उस श्रेष्ठता की सुवास को नहीं देख सका जो गौतम बुद्ध को घेरे थी।

अंततः उसने उन्हें पूछा, 'मैं आपका उत्तराधिकारी घोषित किया जाना चाहूंगा।'

बुद्ध ने कहा, 'जो भी मेरा उत्तराधिकारी होने के योग्य होगा वह मेरा उत्तराधिकारी होगा, मैं उसकी घोषणा नहीं करने वाला हूं। और वैसे भी मैं अभी जीवित हूं, आधी जिंदगी अभी बाकी है। और चुनना मेरा ढंग नहीं है। उत्तराधिकारी का चुनाव करने वाला मैं कौन हूं? अस्तित्व खुद ही चुनेगा।'

देवदत्त को इतनी ठेस पहुंची कि उसने संघ छोड़ दिया और गौतम बुद्ध की जान लेने के कई प्रयास किये। वे प्रयास काल्पनिक लगते हैं, क्योंकि हम प्रेम की शक्ति नहीं जानते और हम होश की शक्ति नहीं जानते, और हम आत्म-आनंद का सौंदर्य और इसकी सुरक्षा की अद्‌भुत शक्ति को नहीं जानते।

बुद्ध एक विशाल पहाड़ की तलहटी में एक छोटी-सी चट्टान पर बैठकर ध्यान

किया करते थे। देवदत्त ने एक बड़ी चट्टान पहाड़ के ऊपर से गौतम बुद्ध की दिशा में सरकाने का प्रयास किया, ताकि चट्टान उन्हें पूरी तरह कुचल दे और इस तरह किसी का नाम न आता, कोई सोचता भी नहीं कि किसी ने उन्हें मार डाला। चट्टान पहाड़ से तेजी से लुढ़कती हुई आयी और वहां उपस्थित सभी लोग अवाक थे, विश्वास नहीं कर सके कि यह हो सकता था : गौतम बुद्ध से सिर्फ दो फुट की दूरी पर चट्टान रुकी, अपना रास्ता बदला, और उनसे दूर हट गयी। फिर लुढ़कती चली गयी। चट्टान का यह व्यवहार बहुत अजीब था। कोई नहीं सोचता कि चट्टान ऐसा करेगी। देवदत्त भी उलझन में पड़ गया।

देवदत्त स्वयं एक छोटे से राज्य का राजा था, और उसके पास एक पागल हाथी था। वह पागल हाथी हमेशा जंजीरों में जकड़कर कैदखाने में रखा जाता था, क्योंकि वह लोगों को मार डालता था। देवदत्त ने दूसरा मौका देखा। वह हाथी गौतम बुद्ध के पास छोड़ दिया गया। वह गौतम बुद्ध पर झपटा, जिस प्रकार वह किसी भी अन्य व्यक्ति पर झपटा होता। लेकिन जैसे ही वह निकट पहुंचा, अचानक वह रुक गया, और आंखों में आंसू भरे उसने गौतम बुद्ध को नमन किया और अपने सिर से उनके चरण छुए।

किसी को विश्वास न हुआ कि एक पागल हाथी....वह भेद कैसे कर पा रहा है ? लेकिन अंधे अंधे ही हैं ! देवदत्त न देख सका, जो एक चट्टान देख सकी, जो पागल हाथी देख सका—प्रेम का एक सूक्ष्म अदृश्य प्रभामंडल।

जब कुछ वर्ष पूर्व एक आदमी ने सुबह के प्रवचन में एक चाकू मुझ पर फेंका....और ऐसा लगता है यह एक सुनियोजित षड्यंत्र था, क्योंकि प्रवचन के ठीक पहले, पंद्रह मिनट पहले, पुलिस ने आफिस में सूचना दी थी, 'आज कुछ खतरा है; एक व्यक्ति भगवान पर चाकू फेंकने वाला है। इसलिए बीस पुलिस अधिकारियों को अंदर रहने की अनुमति होनी चाहिए।'

अब यह मूढ़तापूर्ण है। यदि वे जानते थे कोई अमुक व्यक्ति कोई अपराध करने वाला था, उन्हें उसको गिरफ्तार कर लेना चाहिए था। उसकी बजाय, उन्होंने आफिस को सूचना भेजी। जैसे-जैसे कहानी आगे बढ़ी यह स्पष्ट होता गया कि यह बिलकुल ही एक षड्यंत्र था। वे बीस पुलिस अधिकारी भरी हुई बंदूकों के साथ उस व्यक्ति के चारों तरफ बैठ गये। संन्यासियों ने सोचा कि शायद वे हमारी सुरक्षा के लिए थे, वह गलत था। वे उस व्यक्ति की सुरक्षा के लिए थे जो चाकू फेंकने वाला

था। वे भयभीत थे कि अगर कुछ भी हुआ तो दस हजार संन्यासी उस व्यक्ति को मार डालेंगे।

और वह व्यक्ति चिल्लाया—जो कि रिकार्ड में है—'भगवान आप हिंदू धर्म के खिलाफ हैं और हम आपकी मौजूदगी और बर्दाश्त नहीं कर सकते।' और उसने मुझ पर चाकू फेंका। क्योंकि वह चिल्ला रहा था मैं रुक गया और सुना कि वह क्या कह रहा था। यह टेप में है। उसने सिर्फ पंद्रह फुट की दूरी से चाकू फेंका और यह अद्‌भुत था कि चाकू मुझसे दूर गिरा—आठ फुट दूर। इसने न केवल मुझको नहीं छुआ, इसने खचाखच भरे बुद्धाहाल में किसी को भी नहीं छुआ; चाकू ने किसी को स्पर्श तक नहीं किया।

और फिर पुलिस ने कहा, 'यह एक पुलिस-केस है। हम इस व्यक्ति को गिरफ़्तार करेंगे और उसे अदालत में ले जायेंगे।'

यह सब तरकीब थी। तुम देख सकते हो कि राजनीतिज्ञ कैसे काम करते हैं—धूर्ततापूर्ण, अमानवीय। उन्होंने उस व्यक्ति के विरुद्ध मुकदमा करने से हमें रोका। उन्होंने कहा, 'कोई जरूरत नहीं है। दस हजार गवाह, उसके शब्द रिकार्ड में हैं, चाकू के गिरने की आवाज तक रिकार्ड में है, और पुलिस के बीस उच्चाधिकारी गवाह हैं—आपको फिक्र करने की जरूरत नहीं। यह पुलिस केस होगा। हम उसे ले जायेंगे और उसे अदालत में हाजिर करेंगे।'

वे उसे ले गये, अदालत में हाजिर किया, और अदालत ने उसे यह कहकर छोड़ दिया, 'ऐसा कुछ भी हुआ ही नहीं।' और क्योंकि हमने उसके खिलाफ कोई मुकदमा दायर नहीं किया था, अब बहुत देर हो चुकी थी। पुलिस ने इस ढंग से कार्यवाही संपन्न की कि उन्होंने जोर ही नहीं दिया कि घटना घटी थी।

लेकिन मैं इस विषय में सोचता रहा हूं : इतनी खचाखच भरी जगह में अगर कोई अंधा व्यक्ति भी चाकू फेंके तो किसी न किसी को लगने ही वाला है। उस चाकू ने ठीक चट्टान और हाथी जैसा ही व्यवहार किया। यह एक पुलिस का षड्‌यंत्र था और न्याय तुम देख सकते हो। जब बीस पुलिस-अधिकारी मौजूद हैं, जब दस हजार लोग गवाही देने को तैयार हैं, चाकू मौजूद है, उसका चिल्लाना रिकार्ड में है, चाकू के जमीन पर गिरने की आवाज रिकार्ड में है....।

और मुकदमा खारिज करने का जज के पास कारण क्या था ? कारण यह था, 'यदि यह भगवान पर कातिलाना हमला था तो उन्होंने क्यों नहीं मुकदमा दायर किया?

उन्होंने पुलिस में रिपोर्ट क्यों नहीं की ? और दूसरे यदि एक व्यक्ति भगवान की हत्या का प्रयास कर रहा था, उन दस हजार संन्यासियों ने उसे इतनी आसानी से नहीं छोड़ दिया होता।' और हमने कुछ भी इसलिए नहीं किया था क्योंकि पुलिस ने हमें यह कहकर रोक दिया था, 'कोई जरूरत नहीं है।'

फिर भी भारत के सर्वोच्च न्यायालय के सर्वाधिक महत्वपूर्ण वकीलों में से एक, राम जेठमलानी वहां थे—हमने उन्हें उपस्थित रहने को कहा था। उन्होंने कुछ कहना चाहा; जज ने कहा, 'आप नहीं बोल सकते, यह आपका मुकदमा नहीं है।' और निश्चित ही यह हमारा मुकदमा न था।

लेकिन मैंने ऐसी बातें देखी हैं जो मुझे विश्वास दिलाती हैं कि जो चमत्कार जैसा दिखता है, चमत्कार नहीं है। मुझे पक्का विश्वास है कि मुझे ओक्लॉहमा में एक विशेष धातु-विष थैलियम दिया गया, लेकिन वह मुझे मार नहीं पाया।

उन्होंने जब मैं अदालत में था, पोर्टलैंड की जेल में मेरी कुर्सी के नीचे एक बम रख दिया; वे किसी भी क्षण मेरे आने की अपेक्षा कर रहे थे। मैं आया, और वहां एक व्यक्ति ने मुझे एक खास कुर्सी पर बैठने का संकेत किया। वह भी अजीब था, क्योंकि वहां बहुत सी कुर्सियां थीं, मैं किसी भी कुर्सी पर बैठ सकता था। और उसने तुरंत बाहर से ताला लगाया और कहा, 'मैं पंद्रह मिनट में आता हूं।' मुझे खयाल भी नहीं था कि मैं एक बम के ऊपर बैठा था ! लेकिन कहीं कुछ गड़बड़ हो गई; बम फूटा नहीं।

यदि लाखों लोग प्रेम और ध्यान से भरे हों तो व्यग्रता या असहाय अनुभव करने की कोई जरूरत नहीं है। प्रकृति द्वारा तुम्हें महत शक्ति दी गयी है जो किन्हीं भी आणविक शस्त्रों को निष्प्रभावी कर सकती है।

और मैं वही करने का प्रयास कर रहा हूं : तुम्हें बेशर्त प्रेम के लिए तैयार करना; तुम्हें अजनबियों के साथ भी मैत्रीभाव के लिए तैयार करना; तुम्हें अपने संगठित धर्मों को छोड़ने के लिए तैयार करना, क्योंकि वे संघर्ष पैदा करते हैं; तुम्हारा राष्ट्रों से संबंध भी छोड़ देना। औपचारिक रूप से तुमको उनके पासपोर्ट रखने होंगे, लेकिन यह एक औपचारिकता ही है। अपने प्राणों के अंतरतम में तुम्हें हिन्दू नहीं होना चाहिए और तुम्हें भारतीय नहीं होना चाहिए, तुम्हें जर्मन नहीं होना चाहिए और तुम्हें ईसाई नहीं होना चाहिए।

यदि यह लहर फैलती है—और मुझे पूरी आशा है कि यह फैलने ही वाली

है—तो तुम तीसरे विश्वयुद्ध को भूल जाओ; दूसरा अंतिम था। तीसरा केवल तभी संभव है यदि उसे रोकने के लिए पर्याप्त प्रेम और ध्यान की ऊर्जा मौजूद न हो।

8

जीवन कोई प्रश्न नहीं, खेल है

प्यारे भगवान,
यदि जीवन का कोई विशेष अर्थ नहीं है, फिर जब तक समझ हमें बुद्धत्व में रूपांतरित नहीं कर देती, तब तक हजारों जन्मों तक जिये चले जाने की यह अन्तर्निहित व्यवस्था क्यों है ? और फिर एक अभौतिक अस्तित्व फिर....और फिर....कोई अंत नहीं दिखता....शाश्वतता ?
यदि ऐसा कोई भी नहीं है या कुछ भी नहीं है जिसने इस हजारों रहस्यपूर्ण रंगों वाले जगत की रचना की है तो फिर मैं यहां क्यों हूं ? मैंने तो इस खेल में सम्मिलित होना नहीं चाहा था, या कि मैंने चाहा था ?
क्या मात्र एक अनस्तित्वगत शून्यता नहीं हो सकती जिसके न बाहर कुछ हो और न भीतर कुछ हो ?

अमृता जयेश, जैसा तुम कह रहे हो यह ठीक वैसा ही है। यह एक अनस्तित्वगत शून्यता ही है, जिसके न बाहर कुछ है न भीतर कुछ है। मैं एक स्वप्न हूं, तुम भी एक स्वप्न हो; इसे बहुत गंभीरता से मत लो। शून्य से, पानी के बुलबुलों की तरह हम उठते हैं, और शून्य में हम विलीन हो जाते हैं। और यह सवाल तुम मुझसे नहीं पूछ सकते क्योंकि इस धंधे से मेरा कोई लेना-देना नहीं है।

मैं भी उसी नाव पर सवार हूं जिसमें तुम हो। तुम मुझसे पूछते हो तुम यहां क्यों हो, और मैं जानना चाहता हूं मैं यहां क्यों हूं ! और तुम इसे एक बुद्धिमत्तापूर्ण प्रश्न कहते हो....।

जीसस और सेंट पीटर यह देखने के लिए कि चीजें कैसी चल रही हैं, पृथ्वी पर आते हैं। पूरे दिन दुनिया में घूमते-घूमते अंधेरा होने के बाद वे एक पुराने फार्म हाउस के पास पहुंचते हैं। किसान को तंग न करने के लिहाज से, वे अस्तबल में सो जाने का तय करते हैं।

जीसस पीटर से कहते हैं, 'मैं ऊपर दुछत्ती पर सोने जा रहा हूं और तुम यहीं नीचे सोओ। और जब तुम ठीक से लेट जाओ, मुझे सोने में मदद के लिए एक लोरी गाकर सुनाना।' पीटर मान जाता है और धीरे-धीरे गाना शुरू कर देता है।

'जोर से गाओ!' जीसस कहते हैं।

'लेकिन मेरे मालिक,' पीटर कहता है, 'हो सकता है किसान जाग जाये।'

'पीटर!' जीसस कहते हैं, 'क्या तुम मुझ पर श्रद्धा करते हो?'

तो पीटर जोर से गाने लगता है, जब तक कि किसान जाग नहीं जाता। भागा हुआ अस्तबल में आता है पीटर की अच्छी पिटाई करता है।

'पीटर', जीसस कहते हैं, 'क्या तुम अब भी मुझ पर श्रद्धा करते हो?'

'अवश्य', पीटर कहता है, 'थोड़ी-सी पिटाई मुझे डांवांडोल नहीं कर सकती।'

तो जीसस उसे गाना चालू रखने के लिए कहते हैं।

कुछ मिनट बाद किसान बहुत गुस्से में फिर से बाहर आता है, एक डंडा उठाता है और उससे पीटर की पिटाई करता है।

उसके जाने के बाद जीसस कहते हैं, 'पीटर, क्या तुम अब भी मुझ पर श्रद्धा करते हो।'

'अच्छा', पीटर कहता है, 'संभव हो तो हम थोड़ी देर के लिए जगह बदल लें।'

'ठीक है', जीसस कहते हैं, 'यदि तुम सोचते हो कि यह तुम्हारी श्रद्धा में मददगार होगा।'

तो वे जगह बदल लेते हैं और इस बार पीटर खूब जोर से गाता है, मन में यह सोचते हुए कि, 'अब उन्हें पता चलेगा!'

और निश्चित ही एक मिनट बाद किसान गुस्से से लाल-पीला अस्तबल में आता है और जीसस पर झपटता है। फिर वह रुक जाता है और कहता है, 'नहीं, तुमको काफी मिल चुका। अब थोड़ा इस ऊपर वाले मूढ़ को मजा चखाता हूं।'

यह एक बहुत खेलपूर्ण अस्तित्व है, बहुत नाटकीय।

यह प्रश्न खड़े करने के लिए नहीं है, यह जीने के लिए है, गहनता से, प्रफुल्लता से, बिना परवाह किए कि अर्थ क्या है, हम यहां क्यों हैं। देखने में ये सब प्रश्न सार्थक लगते हैं, लेकिन वास्तव में हैं बहुत मूढ़तापूर्ण।

अस्तित्व जैसा है वैसा है। और कोई नहीं है जिससे तुम पूछ सको, न कोई

शिकायती दफ्तर, न कोई पूछताछ दफ्तर। हम बस यहां हैं—कोई नहीं जानता कि क्यों। इसलिए इस समय को हम जितना अच्छा बना सकें बना लें। क्यों व्यर्थ की बातों की फिक्र करना ? बस मजा करो और अपने मन की बकबक से परेशान मत हो जाओ।

सभी प्रश्न मूढ़तापूर्ण हैं क्योंकि इनको उत्तर देने वाला कोई भी नहीं है। तुम पूछोगे किससे ? यदि कोई परमात्मा यहीं तुम्हारे बीच में बैठा भी होता, वह भी उत्तर नहीं दे सकता था कि वह यहां क्यों बैठा है। और तुम भी उससे नहीं पूछ सकते थे, 'तुमने क्यों दुनिया बनायी ?' वह कहेगा, 'क्यों नहीं ?'

याद रखो, परमात्मा यहूदी है और यहूदियों की एक आदत है....तुम उनसे कोई भी प्रश्न करो और वे इसका उत्तर दूसरे प्रश्न से देंगे। तुम पूछो, 'तुमने क्यों दुनिया बनायी ?' और वह पूछेगा, 'तुम क्यों पूछ रहे हो ? तुम हो कौन ? क्यों न बनायें.... ?'

किसी ऐसे व्यक्ति को खोज पाना असंभव है जो अधिकारपूर्वक तुम्हें उत्तर दे सके कि तुम यहां क्यों हो। सब कुछ एकदम ठीक लगता है। अनावश्यक रूप से बतंगड़ बनाने की कोई जरूरत नहीं है : मैं यहां क्यों हूं, तुम यहां क्यों हो।

जरा उनकी सोचो जो यहां नहीं हैं, यहां कभी नहीं रहे, यहां कभी नहीं होंगे। वे बेचारे गरीब प्राणी, उनको पूछने का मौका भी न मिलेगा।

9

मन गति
में
जीता है

प्यारे भगवान,

कल रात जब आपने कहा कि तुम बुद्ध हो तो इस बात से मैं वास्तव में हिल ही गई। ऐसा प्रतीत होता है कि मैं बस बुद्ध हो रहूं इसकी अपेक्षा अबुद्ध रहते हुए बुद्धत्व की खोज के साथ अपने को अधिक सहज अनुभव करती हूं। आखिर प्रश्न क्या है यह तो मुझे नहीं मालूम लेकिन मैं महसूस करती हूं कि मुझे जागने के लिए एक चपत की जरूरत है।

नियमा, जो प्रश्न तुमने पूछा है वह अवश्य ही कई लोगों के प्रश्न को प्रतिफलित करता है। यह इस अर्थ में सार्थक है कि बुद्ध हो जाना तुम्हारी इच्छाओं, आकांक्षाओं, खोजों को एक पूर्ण विराम पर ले आता है। युगों-युगों से तुमने यही तो किया है, केवल इच्छाएं करना, खोज करना, सपने देखना, आशा करना और व्यक्ति उस जगह पर आने से डरता है जहां अचानक तुम पाते हो कि न कहीं जाने को है, न जाने का कोई उपाय है, कि तुम पहुंच ही चुके हो।

तुम कह रही हो, 'कल रात जब आपने कहा कि तुम बुद्ध हो तो इस बात से मैं वास्तव में हिल ही गई।' इसने बहुतों को हिला दिया। बहुतों को बाहर हिला दिया; बहुतों को अंदर हिला दिया, लेकिन इसने हिला निश्चित ही दिया ! और यह ऐसा कुछ सतह पर ले आया जिसे तुम जरूर ही अपने अचेतन में ढोते रहे हो। इस हिलने के बिना संभव है यह सतह पर न आया होता।

तुम कह रही हो, 'ऐसा प्रतीत होता है कि मैं बस बुद्ध हो रहूं इसकी अपेक्षा अबुद्ध रहते हुए बुद्धत्व की खोज के साथ अपने को अधिक सहज अनुभव करती हूं।'

तुम न केवल अपने विषय में ही, बल्कि मानव मन जैसा है, उसके विषय में भी कुछ अत्यंत महत्वपूर्ण बात कह रही हो। यह आशा करने में निश्चिंत है, यह निश्चिंत है यदि कोई कल है। लक्ष्य बहुत दूर हो सकता है, लेकिन यदि लक्ष्य है तो यह निश्चिंत है। यह किसी ठहराव पर नहीं आना चाहता है—वह बहुत बेचैनी जैसा

लगता है, क्योंकि हम सपने देखने के, लक्ष्य की तरफ दौड़ने के, कभी न पहुंचने लेकिन हमेशा पहुंचने का प्रयास करते रहने के अभ्यस्त हो गये हैं। लक्ष्य बिलकुल पास ही लगता है, लेकिन तुम कुछ भी करो, तुम्हारे और लक्ष्य के बीच की दूरी उतनी ही रहती है। यह लगभग क्षितिज जैसा है। तुम इसकी तरफ जाते हो और यह उसी गति से पीछे खिसकता जाता है।

यही हमारे मन का प्रशिक्षण रहा है, यही है जो हम हैं; इसीलिए यद्यपि तुम साम्राज्यों के स्वप्न देखने वाले एक भिखारी भर हो, फिर भी तुम निश्चिंत हो। ऐसा बहुत ढंगों से हो जाता है। तुम गरीब लोगों को जीवन के अर्थ के विषय में सोचते हुए नहीं पाओगे। तुम गरीब लोगों को जरा-सी भी फिक्र करते हुए नहीं पाओगे कि बुद्धत्व जैसी कोई चीज है भी या नहीं।

केवल जब कोई सभ्यता समृद्ध होती है, लोग शिक्षित होते हैं, उनकी शारीरिक जरूरतें पूरी हो गई होती हैं, तब ही अचानक वे सुदूर लक्ष्यों के विषय में सोचना शुरू कर देते हैं। तब वे विभिन्न आयामों में खोजना शुरू कर देते हैं। वे खोज भी रहे हैं, लेकिन गहरे में वे किसी निष्कर्ष पर भी नहीं पहुंचना चाहते हैं। यह एक अद्‌भुत द्वंद्व है। लेकिन यदि तुम ठीक से समझो तो तुम बात को देख सकते हो। बात यह है कि मन केवल गति में जी सकता है। जब कोई गति नहीं होती समय रुक जाता है, मन रुक जाता है—मात्र तुम हो।

यह तुम न थीं जो हिल गया, यह तुम्हारा मन था, जिसके साथ तुम पूरी तरह तादात्म्य में हो। जब तक कि तुम मन और अपने—तुम यानी साक्षी—के बीच एक दूरी निर्मित नहीं करते, तुम खोजते ही रहोगे। धन, शक्ति, प्रतिष्ठा, परमात्मा, स्वर्ग, बुद्धत्व—कुछ भी चलेगा, बस इसे तुम्हें चलाते रहना चाहिए, कोई भी दिशा ठीक है। रुक भर जाना खतरनाक है, क्योंकि जिस क्षण तुम रुकते हो, मन की मृत्यु हो जाती है। जिस क्षण तुम रुकते हो तुम्हारा व्यक्तित्व मर जाता है। जिस क्षण तुम रुकते हो तुम महासागर जैसे अस्तित्व में खो जाते हो; इसीलिए यह भय।

मैंने तुम्हें रवीन्द्रनाथ के विषय में एक सुंदर कहानी कही है। उनकी एक कविता में वही झलक मिलती है जो तुम्हारे प्रश्न में अभिव्यक्त हुई है।

कविता में वह कहते हैं, ''मैं जन्मों-जन्मों से परमात्मा की खोज करता रहा हूं, कभी मैंने उसे किसी सुदूर तारे के पास देखा, और मैं अत्यंत खुश था कि यद्यपि तारा बहुत दूर था, पर पहुंचना असंभव न था। और मैंने उस तरफ चलना शुरू कर दिया,

लेकिन जब तक मैं तारे तक पहुंचा, परमात्मा किसी दूसरी जगह जा चुका था। लेकिन वह दिखाई पड़ता था—इतनी दूर, लेकिन निमंत्रण देता, आशा जगाता। और मैं बहुत-बहुत जन्मों इस ब्रह्मांड में चारों तरफ भागता रहा।

''एक दिन ऐसा हुआ : मैं परमात्मा के घर पर आ गया। मैं विश्वास नहीं कर सका कि मैं पहुंच चुका था। यह एक ऐसा सदमा था, लेकिन फिर भी मैं द्वार की तरफ बढ़ा। जैसे ही मैं द्वार खटखटाने वाला था अचानक मेरा हाथ जड़ हो गया। एक विचार मुझमें उठा, जरा एक मिनट रुको और इसे एक बार फिर विचार कर लो। द्वार के बाहर यह लिखा हुआ है : 'यह परमात्मा का घर है।' यदि संयोगवशात यह वास्तव में ही परमात्मा का घर निकला तब तो तुम गये। तब तुम क्या करने वाले हो ?

''लाखों वर्षों से तुम्हारा अभ्यास केवल खोजने का रहा है। तुम एक खोजी की तरह बिलकुल निष्णात हो लेकिन पाना ? यह बिलकुल नया है ! तुम इससे परिचित नहीं हो। और फिर आत्यंतिक को पाना, पूर्ण परमात्मा को, जिसके पार कुछ भी खोजने को नहीं है....तब तुम करोगे क्या ? और यह तो हमेशा-हमेशा के लिए हो जानेवाला है—अनंत काल तक एक पूर्ण विराम की स्थिति।''

उन्होंने अपने जूते अपने हाथ में ले लिये। वह भयभीत थे कि सीढ़ियों से उतरकर वापस जाते हुए, यदि परमात्मा बाहर कुछ आवाज सुनता है और द्वार खोल देता है....और फिर वह, बिना पीछे देखे, भाग खड़े हुए।

और कविता सुंदर है, क्योंकि यह कहती है, ''मैं पुनः उसे खोज रहा हूं। मैं उसे, उसका घर जानता हूं; मैं उससे बचता रहता हूं। मैं सभी दिशाओं में जाता हूं, लेकिन मैं अपने को उस घर से जहां वह है, दूर ही रखता हूं, क्योंकि मैं जानता हूं कि उसका मिलना मेरा मिटना होने वाला है।''

बुद्धत्व और कुछ भी नहीं बस तुम्हारा मिट जाना है। यह कुछ भी नहीं बस एक शुद्ध मौन है। स्वभावतः किसी को भी भय लगता है और कोई भी सोचना शुरू कर देता है, ''यही बेहतर है अबुद्ध बने रहना और इसकी खोज करते रहना।'' जो मैंने रवीन्द्रनाथ की कविता की कहानी तुमसे कही, वही तुम्हारी कहानी है ! यह हर किसी की कहानी है। इसीलिए मैं कहता हूं, तुम प्रबुद्ध हो, लेकिन तुम इसे पहचानना नहीं चाहते। तुम कोई रास्ता निकालना चाहते हो ताकि तुम फिर बुद्धत्व खोजना शुरू कर सको।

खोज में ही मन है।

खोज में ही अहंकार है, खोज में ही व्यक्तित्व है, खोज में ही सभी संत, महात्मा, भविष्यद्रष्टा, ईश्वर के अवतार हैं—खोज में ही। जिस क्षण तुम पहुंचते हो, तुम एक शुद्ध मौन मात्र हो, एक शून्यता—जीवंत, भरपूर जीवंत, अतिशय जीवंत, सुवास से परिपूर्ण, लेकिन कोई गति अब नहीं है। तुम अनंत काल तक इस मौन में रहोगे। मैं सोचता हूं तुममें से प्रत्येक उस घर से लौट आया है, रास्ता जानता है, वह घर जानता है और फिर भी खोज रहा है और तलाश रहा है और पूछ रहा है, 'कहां है परमात्मा का घर? कहां मैं उसे पा सकता हूं?'

जिस क्षण तुम यह समझ लेते हो कि तुम्हारी खोज का कारण यह नहीं है कि तुम प्रबुद्ध नहीं हो, तुम्हारी खोज का कारण यह है कि मन जीवित रहना चाहता है और यह केवल तुम्हारी अबुद्धता में जी सकता है....।

तुम्हें चुनना पड़ेगा। तुम मन को चुन सकते हो और जो अभी इसी क्षण उपलब्ध है उसे अनंतकाल तक खोजते रह सकते हो। या तुम अमन, अ-गति की स्थिति चुन सकते हो और जागतिक वैभव में, शाश्वत शांति में, ब्रह्मांड में खो जा सकते हो। लेकिन यह सब तुम पर निर्भर करता है; यह तुम्हारी स्वतंत्रता है।

बाइबिल की कहानी कि परमात्मा ने अदम और ईव को स्वर्ग से बाहर निकाल दिया, निश्चित ही गलत है। ये अदम और ईव थे जो भाग निकले, क्योंकि स्वर्ग के बगीचे में भविष्यद्रष्टा होने की कोई संभावना न थी, कोई विशेष होने की कोई संभावना न थी, किसी अहंकार के उठने की कोई संभावना न थी। स्वर्ग के बगीचे में तुम और वृक्ष और पशु सब बराबर हैं। यह स्थिति देखकर, मेरी अपनी समझ है कि अदम और ईव भाग निकले, वे निकाले नहीं गये थे। यह एक ऐसी स्थिति के विरुद्ध विद्रोह था जहां हर चीज उपलब्ध थी और जहां कुछ भी नया खोजने का कोई उपाय न था। उस साम्राज्य से निकलकर मनुष्य ने खोजना शुरू किया।

मेरे पास ऐसा कहने के कारण हैं....भारत में जैनों के चौबीस तीर्थंकर हैं, वे सभी सम्राट हैं, जिन्होंने अपने साम्राज्यों को त्याग दिया। गौतम बुद्ध सम्राट बनने वाले थे, अपने वृद्ध पिता के एकमात्र पुत्र। एक सम्राट की भांति उनका राज्याभिषेक होने के पहले ही वह भाग निकले। सभी तैयारियां पूरी थीं, क्योंकि वृद्ध पुरुष अपने सामने ही गौतम बुद्ध को सिंहासन पर बैठा देना चाहते थे। वह अपने पुत्र को सिंहासन पर देखना चाहते थे। यह स्थिति देखकर गौतम बुद्ध भाग निकले। वह सब देख चुके

थे। उन दिनों में, किसी के लिए भी जो कुछ भी पाना संभव था, वह सब उनके पास था। साम्राज्य की सुंदरतम स्त्रियां सिर्फ उनके सुख की खातिर इकट्ठी की गयी थीं। उनके पिता ने विभिन्न ऋतुओं के लिए अलग-अलग जगहों पर तीन अलग-अलग महल बनवाए थे।

भारत में, मेरे बचपन के समय तक ऋतुएं बिलकुल सुनिश्चित थीं। वे सिर्फ द्वितीय विश्व युद्ध के बाद अव्यवस्थित हो गयी हैं। अन्यथा हर ऋतु चार महीने की थी। और यह बिलकुल तय था। ठीक एक अमुक तिथि पर सर्दी आती, ठीक एक अमुक तिथि पर सर्दी चली जाती। वृद्ध सम्राट ने अपने साम्राज्य में तीन सुंदर महल बनवाये थे, तो जब गर्मी होती, गौतम बुद्ध एक पर्वतीय स्थल को जा सकते थे; जब सर्दी होती, कड़ाके की ठंड, वह मैदानों में आ सकते थे, एक सुंदर नदी के किनारे; जब अत्यधिक बारिश के दिन होते....उन्होंने उनके लिए एक जगह खोजी थी जहां यह किसी भी प्रकार से एक समस्या न होकर सुखदायक थी।

एक स्थान है, जहां गौतम बुद्ध का जन्म हुआ उसके पास ही....संभवतः सारी दुनिया में वही जगह है जहां सर्वाधिक वर्षा होती है—वर्ष में पांच सौ इंच ! पूना में साल भर में सिर्फ सत्ताइस इंच वर्षा होती है। पास ही की जगह खंडाला में भी रहना बहुत कठिन है—वहां साल भर में दो सौ इंच वर्षा होती है। उसका मतलब है कई-कई दिनों वर्षा होती रहती है, तुम बाहर नहीं आ सकते। कई दिनों तक सूर्य नहीं निकलता, बस वर्षा और वर्षा। जरा कल्पना करो पांच सौ इंच....शायद लगातार चार महीनों तक एक भी दिन ऐसा नहीं होगा, जब वर्षा न होती हो, और बड़ी बाढ़ें....।

पिता ने दूर एक स्थान खोज लिया था जहां वर्षा लगभग चालीस, या पचास इंच प्रति वर्ष थी—बस प्रीतिकर। गौतम बुद्ध थक गये, ऊब गये, क्योंकि उनकी जरूरत की हर चीज, उनके बिना मांगे ही, उन्हें दे दी जाती थी।

यह एक अजीब स्थिति है : जब तुम गरीब हो तो तुम अमीर होना चाहते हो, और जब तुम अमीर हो जाते हो अचानक तुम पाते हो कि तुमने सब कुछ पा लिया है, लेकिन आशा तुमने खो दी है। अब कहीं जाने को नहीं है; तुम सीढ़ी के अंतिम पायदान पर आ चुके हो। और वहां सीढ़ी के अंतिम पायदान पर बैठे तुम और कुछ नहीं सिर्फ मूढ़ दिखते हो।

भारत में जन्मे धर्मों और भारत के बाहर जन्मे धर्मों में अंतर का कारण यही है।

इसके लिए एक पैनी मनोवैज्ञानिक अंतर्दृष्टि चाहिए। जीसस एक गरीब व्यक्ति थे। मोज़ेज भी एक समृद्ध व्यक्ति नहीं थे—वह एक समृद्ध व्यक्ति हो सकते थे, लेकिन उन्हें पता चला कि वह एक यहूदी हैं और उन्होंने अपनी जाति-बिरादरी के साथ रहना पसंद किया। उन्होंने अपने सारे सत्ताधिकारों का त्याग कर दिया और मिस्री राजाओं के खिलाफ एक बड़ी क्रांति में चले गये। मोहम्मद भी एक गरीब व्यक्ति थे। इन तीन गरीब व्यक्तियों ने भारत के बाहर के तीनों धर्म पैदा किये। भारत में पैदा हुए सभी तीनों धर्म सम्राटों द्वारा निर्मित किए गये थे। राम और कृष्ण सम्राट हैं, महावीर, आदिनाथ सम्राट हैं, गौतम बुद्ध सम्राट हैं। और तुम इन लोगों की परिस्थितियों के कारण हुए धर्मों के अंतर को देख सकते हो।

गौतम बुद्ध तुम्हें किसी स्वर्ग का आश्वासन नहीं देते जहां तुम्हें सुंदर स्त्रियां उपलब्ध होंगी, जहां शराब की नदियां बहती होंगी। यह बात आश्चर्यजनक है लेकिन अव्याख्य नहीं। वह स्त्रियों से ऊब चुके हैं। वह शराब से ऊब चुके हैं। वह उस हर चीज से ऊब चुके हैं जो धन खरीद सकता है। वह अपने शिष्यों को केवल एक विशुद्ध मौन का ही आश्वासन दे सकते हैं।

लेकिन मोहम्मद वैसा नहीं कर सकते, जीसस वैसा नहीं कर सकते। जीसस को अपने स्वर्ग में उन सभी सुंदर चीजों को उपलब्ध कराना होगा, जो कि गरीब लोग पृथ्वी पर नहीं पा रहे हैं। मुहम्मद शराब की नदियां, सुंदर स्त्रियां उपलब्ध कराते हैं। और तुम्हें यह जानकर धक्का लगेगा कि चूंकि उस समय सऊदी अरब में समलैंगिकता बहुत अधिक प्रचलित थी, स्वर्ग में संतों के लिए खूबसूरत लौंडे भी उपलब्ध हैं।

जीसस वह हर वस्तु उपलब्ध कराते हैं जिसका कोई गरीब आदमी सपना देख सकता है और जिसके लिए आशा कर सकता है। महावीर केवल नितांत एकाकीपन देते हैं। यह एक गरीब आदमी को समझ न पड़ेगा। वह पहले ही बहुत अकेला है, और अब आप आ गये....और उस एकाकीपन को पाने के लिए उसे इन सारे विधानों से गुजरना पड़ेगा। क्या आप पागल हैं ! वह चाहता है वस्तुएं—वह चाहता है सुंदर स्त्रियां, वह चाहता है सुंदर पुरुष, वह चाहता है सुंदर मकान—और आप यहां आ गये कहते हुए, "तुम्हें उपवास करना होगा, तुम्हें अपने आपको योग में अभ्यस्त करना होगा, तुम्हें ध्यान करना होगा और आखिर में पाओगे तुम एक विशुद्ध शून्यता !"

यह केवल अति समृद्ध व्यक्ति को ही जंच सकता है। वे वस्तुओं से थक गये

हैं, वे बस मौन चाहते हैं; वे लोगों से थक चुके हैं, वे विशुद्ध एकाकीपन चाहते हैं। गरीब आदमी थका नहीं है....उसे धन से थकने का अवसर ही नहीं मिला है। वह आशा कर रहा है कि किसी दिन उसके पास धन होगा, एक सुंदर मकान होगा।

एक दिन किसी ने मुझे सड़क पर रोका—मैं विश्वविद्यालय जा रहा था—और एक सुंदर स्त्री ने मुझे एक पर्चा दिया। मैंने पूछा, 'यह क्या है ?'

उसने कहा, 'इसमें हर बात समझा दी गयी है और यदि आप उत्सुक हों तो फोन नंबर दिया हुआ है।'

विश्वविद्यालय जाते हुए, कार चलाते-चलाते, मैंने पर्चे को देखा। एक पहाड़ी नदी के किनारे एक सुंदर घर, विशाल बड़े-बड़े वृक्ष, और एक प्रश्न : 'क्या आप यह घर चाहते हैं ?'

मैंने सोचा, 'कम से कम इस शहर में ऐसा कोई घर नहीं है; शायद मैं इसे नहीं जानता हूं ? यदि यह उपलब्ध है तो इसका पूरा ब्योरा देखने जैसा है।'

मैंने पृष्ठ उलटा और अंदर विवरण दिया हुआ था : 'यदि तुम जीसस क्राइस्ट के अनुयायी बन जाते हो, प्रभु के राज्य में तुम्हें उससे भी बेहतर घर मिलेंगे, जैसा तुमने अभी पृष्ठ के दूसरी तरफ देखा है।'

जब एक गरीब आदमी एक धर्म निर्मित करता है, तो यह धर्म तुम्हारी इच्छाओं, तुम्हारे लोभ से भरा होगा; तुम्हारी वासना और हर बात पूरी होगी ऐसे आश्वासनों से ही यह भरा होगा। और जब एक समृद्ध व्यक्ति एक धर्म निर्मित करता है, उसका धर्म एक विशुद्धता, एक मौन, एक सुंदर आकाश ही होने वाला है। लेकिन तुम उस सुंदर आकाश से अलग नहीं, उसके साथ एक ही हो।

धर्मों को, उनके पवित्र ग्रंथों को देखकर तुम तय कर सकते हो कि वे पवित्र ग्रंथ गरीब लोगों से आये हैं या उन लोगों से जिन्होंने समृद्धि जानी है। और एक बात स्मरण रखना : गरीब आदमी का स्वर्ग एक कल्पना मात्र है। इसीलिए भारत से बाहर निर्मित हुए सभी धर्म—मात्र एक संयोग—वह स्तर, वह श्रेष्ठता, वह महिमा नहीं रखते जो भारतीय धर्म रखते हैं।

लेकिन अब भारत समृद्ध नहीं है। वे धर्म कोई सात हजार साल पहले, कोई पांच हजार साल पहले, कोई पच्चीस सौ साल पहले निर्मित हुए थे। आज भारतीय जनसमुदाय भी ईसाइयत में परिवर्तित हुआ है। ईसाइयत अब भारत में तीसरा बड़ा धर्म है। वे मुस्लिम धर्म में परिवर्तित हुए हैं, जो कि भारत में अब दूसरा बड़ा धर्म है।

हिंदू धर्म सिकुड़ता चला जाता है, और अधिक-अधिक लोग ईसाइयत, मुस्लिम धर्म की तरफ परिवर्तित होते जाते हैं। क्योंकि अधिक-अधिक लोग गरीब हैं। और हिंदू धर्म के पास गरीब लोगों को देने के लिए कुछ भी नहीं है।

वे निर्वाण में उत्सुक नहीं हैं, वे ध्यान में उत्सुक नहीं हैं, वे अपने अंतर-प्राणों में उत्सुक नहीं हैं। यह तुम यहां देख सकते हो। यदि कोई मंगल ग्रह से उतरे और इस कम्यून को देखे, वह नहीं सोच सकेगा कि यह कम्यून भारत में स्थित है। कितने भारतीय यहां हैं ?

जो धर्म मैं तुम्हें दे रहा हूं, उच्चतम संभव धर्म है। यह उनके लिए नहीं है जो नौकरी खोज रहे हैं, उनके लिए नहीं है जो भूखे हैं, मर रहे हैं। मुझे समझने के लिए प्रतिभा की जरूरत है। दुनिया के साथ एक प्रकार के विषाद की जरूरत है—एक ऐसे अनुभव की कि यह दुनिया जो भी देती है, अर्थहीन है। कि यह कहीं पहुंचाता नहीं, कि यह जीवन की नितांत बरबादी है। कुछ और चाहिए—कुछ जो धन नहीं खरीद सकता, कुछ जो विज्ञान नहीं बना सकता, कुछ जो बाजार में उपलब्ध नहीं है, कुछ जो तुम्हें अपने भीतर ही पाना होगा।

लेकिन लोग क्यों अपने में उत्सुक नहीं हैं ? शायद अपने पिछले जन्मों में किसी क्षण में वे परमात्मा के घर पहुंच गये थे, और तब से वे इससे दूर भागते रहे हैं।

यद्यपि वे अपने भागने को अच्छे नाम देते हैं—वे परमात्मा की तलाश में भाग रहे हैं, वे आत्म-साक्षात्कार की तलाश में भाग रहे हैं, वे बुद्धत्व के लिए भाग रहे हैं—वास्तव में वे ठीक इन्हीं चीजों से जितनी दूर संभव हो, भाग रहे हैं।

लेकिन तुम भाग नहीं सकते क्योंकि तुम्हारा बुद्धत्व, तुम्हारा अस्तित्व ही है, चाहे तुम पसंद करो या नहीं। अस्तित्व ने तुमसे पूछा नहीं है कि तुम पैदा होना चाहते हो कि नहीं। न अस्तित्व ने तुमसे पूछा है कि तुम अपने अंतरतम केंद्र पर बुद्धत्व चाहते हो या नहीं। अस्तित्व तुम्हारे साथ भिन्न की भांति व्यवहार नहीं करता है, इसीलिए तुमसे पूछने का प्रश्न नहीं है। तुम इस सुंदर जगत के अंग और हिस्से हो। और यह जगत विभिन्न आकारों में बदलता रहता है, लेकिन अंतरतम केंद्र वही रहता है : वही प्रकाश, वही आनंद, वही उत्सव।

नियमा, यह तुम्हें घबड़ाने वाला है क्योंकि तब फिर कोई गति नहीं होगी। लेकिन मैं इस पूर्ण विराम में तीस वर्षों से रहा हूं और एक क्षण के लिए भी मैंने अनुभव नहीं किया कि मैं किसी गलत स्थिति में हूं।

लोग मुझसे पूछते हैं, 'दो घंटे तक आप अपने पैर नहीं हिलाते....।' मैंने भी सोचा है, 'मैं अपने पैर क्यों नहीं हिलाता हूं ?' फिर अंततः मैंने पाया कि कोई जरूरत नहीं है। मैं चल नहीं रहा हूं, मैं क्यों हिलाऊं ? ऐसा नहीं कि केवल यहीं मैं इस तरह बैठता हूं, पूरा दिन मैं अपनी कुर्सी में ऐसे ही बैठा रहता हूं। और तुम जरूर परेशान होते होगे, मैं अपने कमरे में कर क्या रहा हूं, बस बैठा हूं। और घास भी नहीं उग रही है !

कुछ नहीं हो रहा है, और मैं पूर्णतया आनंदित हूं। एक क्षण के लिए भी नहीं कोई इच्छा, आश्रम में जाने और देखने की भी नहीं कि किस प्रकार की बेवकूफी भरी बातें हो रही हैं। अभी पिछली रात जब तुम सब बुद्ध हो गये थे.... निर्वानो ने मुझे कहा, 'आपको वहां होना चाहिए था।'

आवाजें मैं सुनता था। मैंने कहा, 'यही मेरे लिए काफी है कि मेरे लोग बुद्ध हो गये हैं, बस मैं चिंतित हूं कि सुबह उनके बुद्धत्व को क्या होगा। और मैं देख सकता हूं कि तुम व्यर्थ ही चीखे-चिल्लाये—तुममें से एक भी बुद्ध नहीं हुआ है ! तुम आज फिर इसका प्रयास कर सकते हो, क्योंकि यही जगह है जहां तुम्हें बुद्ध होना ही पड़ेगा। और जरा सरदार गुरदयाल सिंह पर नजर रखना, अधिक संभावना है कि अन्य किसी के भी पहले वह बुद्ध हो जायेगा। वह बेहतर चिल्लाता है, बेहतर हंसता है, और क्या चाहिए ?

एक बहुत जीवंत और तरोताजा दिखते ऊंट पर सवार पोलक पोप और एक नन सहारा मरुस्थल के मध्य एक छोटे से कस्बे में पहुंचते हैं। पोप पूर्णतया थका-मांदा है और कुछ दिनों की छुट्टी मनाने का तय करता है। वह रात एक कारवां सराय में ठहरता है और अगली सुबह अपना कच्छा पहने और अपने कंधे पर एक तौलिया डाले टेंट के बाहर आता है। 'क्षमा कीजिए', वह एक मरुस्थल निवासी से पूछता है, 'क्या आप मुझे बता सकते हैं पानी कितनी दूर है ?'

'ओह', अरब उत्तर देता है, 'कुछ सौ मील।'

'धत्त तेरे की', पोलक पोप कहता है, 'मैं सोचता हूं आज मुझे किनारे ही रुकना पड़ेगा।'

....सैकड़ों मील दूर, तो फिर किनारे पर ही रुकना बेहतर है !

एमस सैपरस्टीन अचानक एक अत्यंत लिंग-उत्तेजना के साथ मर जाता है। क्रियाकांडी मोयसे फिंकल्स्टीन उसे कम करने के सब प्रयास करता है, वह उस पर ठंडा पानी डालता है, बर्फ के टुकड़े में बंद करता है, लेकिन कुछ काम नहीं आता। आखिर में वे तय करते हैं कि उनके पास एक ही रास्ता है—वे ताबूत के ढक्कन में एक छेद करते हैं और उसे एक चादर से ढक देते हैं।

कब्रिस्तान के रास्ते में, एक बेंच पर बैठी दो छोटी वृद्ध महिलाओं के सामने से ताबूत गुजरता है।

'अच्छा, तो यह वृद्ध एमस जाते हैं,' दादी क्राविट्ज कहती है, 'मुझे आशा है उसके परिवार ने उन्हें एक विधिवत विदाई दी होगी।'

तभी हवा का एक झोंका ताबूत के ऊपर से चादर को उड़ा देता है।

'बदमाश शैतान,' दादी कहती है, 'वह तो देखो ! केवल एक गंदा फूल।'

और अंतिम, इसके पहले कि तुम फिर बुद्ध होना शुरू करो....

एक उपदेशक, जिसका लिंग बहुत बड़ा था। अपने साथ सोने के लिए किसी भी स्त्री को प्राप्त करने में बहुत परेशान होता है।

स्थानीय वेश्यालय में हमेशा यही उत्तर है, 'खेद है, फादर ! मैं चाहती हूं मैं कर सकती, पर वह शैतान मेरे लिए बहुत ही बड़ा है।'

खिन्नता में, उपदेशक एक धूर्ततापूर्ण योजना सोचता है। वह शहर के दूसरे किनारे पर एक वेश्यालय में जाता है, जहां उसे कोई नहीं जानता है, एक लड़की को चुनता है और उसे बेडरूम में ले जाता है।

जैसे ही वे अंदर आते हैं, उपदेशक लड़की से कहता है कि वह बहुत शर्मीला है और फिर कहता है, 'यदि तुम बुरा न मानो तो मैं बत्तियां बुझाकर कपड़े उतारूं ?'

वह सहमत होती है। फिर जैसे ही वह उसके ऊपर आता है, वह कहती है, 'फादर, आपको पता है, मैं सच में खुश हूं कि आप इसी के लिए यहां आये। पहले जब आप दरवाजे से अंदर आये मुझे पक्का था आप किस विषय में मुझसे बात करने वाले हैं....जीसस क्राइस्ट !'

10

लतीफे तुम्हें निर्भार करते हैं

प्यारे भगवान,
क्या सभी लतीफे अतर्कपूर्ण होते हैं?

देवगीत, ऐसा नहीं है कि सभी लतीफे अतर्कपूर्ण होते हैं, बल्कि तुम एक भी ऐसा लतीफा नहीं खोज सकते जो अतर्कपूर्ण हो। लेकिन लतीफे का अपना मनोविज्ञान और तर्क होता है। लतीफे का मनोविज्ञान समझना होगा और तब इसकी तर्कसरणी स्पष्ट होगी।

आदमी इतना दमित है कि वह कुछ विशेष शब्द बोल भी नहीं सकता; वे उसके लिए सर्वथा निषिद्ध हैं। लतीफा सामान्य शब्दों के साथ शुरू होता है, लेकिन अचानक एक मोड़ लेता है और तुम्हें असजग पकड़ लेता है। और वह अचानक मोड़ तुम सोच भी नहीं सकते थे; इसीलिए तुम्हारा सारा दमित चित्त, तुम्हारे सारे निषेध अचानक फूट पड़ते हैं।

किसी ने भी लतीफों का उपयोग तुम्हारे चित्त को स्वच्छ करने के लिए नहीं किया है। यह एक प्रकार का रेचन है। जैसे ही बात तुम्हें समझ पड़ती है, अचानक तुम कह उठते हो, 'हे ईश्वर, मैं तो एक निश्चित तार्किक निष्कर्ष की ओर जा रहा था....।' लतीफा एक ऐसी जगह मोड़ ले लेता है जहां तुमने सोचा नहीं होगा। वह अचानक मोड़ तुम्हें तुम्हारी सब संगति, तुम्हारे सब तर्क, तुम्हारी सब भाषा भुला देता है। उस क्षणार्ध में तुम अचानक एक बच्चे की भांति हो जाते हो।

तुमने गौर किया होगा कि लतीफे तुम्हारे चित्त के दमित हिस्सों से ही संबंधित होते हैं। यह एक प्रकार का बदला है—शक्तिहीन का शक्तिवान के विरुद्ध बदला लेना है। वे तुम्हारी जान ले लेते हैं, वे तुम्हें बरबाद करते हैं, लेकिन यही काम तुम बेहतर ढंग से बिना हथियारों के कर सकते हो, सिर्फ एक लतीफे द्वारा!

लतीफों का अपना ही सौंदर्य है, क्योंकि वे तुम्हें हंसाते हैं। और मेरे लिए हंसी वह घड़ी है जब समय रुक जाता है, मन रुक जाता है और तुम अचानक एक नयी

ऊर्जा से, एक नये आनंद से भर जाते हो। ये तुम्हें आत्यंतिक हास्य के लिए तैयार करने हेतु छोटी-छोटी झलकें हैं।

बोधिधर्म के बाबत कहा जाता है कि ज्ञान प्राप्त होने के बाद सबसे पहले वह जोर से हंसा। बार-बार उससे पूछा गया कि वह हंसा क्यों; हंसने का कोई प्रगट कारण न था।

उसने कहा, 'मैं हंसा क्योंकि मैं स्वयं की खोज कर रहा था, और मैं अपने भीतर के सिवाय चारों तरफ हर जगह खोज रहा था। अस्तित्व ने मेरे साथ एक गहरा मजाक किया है।'

निश्चित ही लतीफे अतर्कपूर्ण नहीं हैं।

जरा लतीफों की तर्कसंगति को देखो :

ब्रिजेट, एक आयरिश वेश्या ने अपने ग्राहक, एक अंग्रेज की 'सेवा' अभी-अभी समाप्त की है।

वह उससे पूछती है, 'अरे सुनो, तुमको वह खतरनाक बीमारी एड्स तो नहीं है, नहीं है न ?'

'नहीं', वह सज्जन अपने जूते के फीते बांधते हुए उत्तर देते हैं, 'मैं हर हफ़्ते अपना स्वास्थ्य-परीक्षण करवाता हूं, मैं सुनिश्चित रूप से साफ-स्वच्छ हूं।'

'ओह, बहुत ठीक,' ब्रिजेट उत्तर देती है। 'परमात्मा को इसके लिए धन्यवाद ! मैं नहीं चाहूंगी कि वह बीमारी फिर से मुझे हो !'

रोनाल्ड रीगन के संवाददाता सम्मेलन शुरू होने की प्रतीक्षा के दौरान, एक संवाददाता हाल के कोने में खड़े एक व्यक्ति के पास जाता है। 'हे,' वह कहता है, 'क्या तुमने रोनाल्ड रीगन के बाबत नवीनतम लतीफा सुना है ?'

वह व्यक्ति उसे ठंडेपन से घूरता है। 'इसके पहले कि तुम इसे कहो,' वह कहता है, 'मैं तुम्हें सूचित कर दूं कि मैं ह्वाइट हाउस में उनके व्यक्तिगत सचिव की हैसियत से काम करता हूं।'

'चेतावनी के लिए धन्यवाद,' संवाददाता कहता है, 'मैं इसे बहुत, बहुत, बहुत धीरे-धीरे सुनाऊंगा।'

समुद्र के ऊपर उड़ते हुए एक इटैलियन हवाई जहाज में पायलट यात्रियों को

कहता है कि वे यात्रा का मजा लें और कि वे चार घंटों में अपने गंतव्य तक पहुंचने की उम्मीद कर सकते हैं।

तीन घंटे बाद कैप्टन दूसरी घोषणा करता है। 'साथियो,' वह कहता है, 'मेरे पास एक शुभ सूचना है और एक अशुभ सूचना है। पहले अशुभ सूचना : हम भटक गये हैं। अब शुभ सूचना : हम बहुत अच्छी गति से आगे बढ़ रहे हैं!'

देवगीत, मैंने ऐसा एक भी लतीफा नहीं देखा—और शायद किसी भी जीवित या मृत व्यक्ति की अपेक्षा मैंने कहीं अधिक लतीफे देखे हैं। लतीफे के अंत में एक खास अजीब-सा मोड़ आता है, लेकिन यह अतर्कपूर्ण नहीं है। इसी ढंग से मानव प्राणी व्यवहार करते हैं, इसी प्रकार उनका चित्त व्यवहार करता है।

प्रत्येक लतीफे का एक गहरा तर्क होता है। यह तुम्हारे अचेतन और आदमियों पर समाज के अत्याचार से संबंधित है। यह उसे बाहर प्रगट कर देता है—अन्य किसी भी उपाय से इससे मुक्ति नहीं हो सकती—और तुम निर्भार नहीं हो सकते।

यह निर्भार करना, यह मुक्ति ही हर लतीफे का उद्देश्य है।

11

आध्यात्मिक निकटता
हृदय से
हृदय का मिलन

प्यारे भगवान,
बंबई के पुराने दिनों में, यद्यपि मैं भौतिक रूप से आपको इतने निकट अनुभव करता था, फिर भी आप कितने दूर थे। अब यहां बुद्धाहाल में—बंबई के कमरे की तुलना में—आपके पास बैठे, जहां हममें से हजारों आपके पास इकट्ठे हैं, मैं आपको इतनी अंतरंगता और घनिष्ठता से अनुभव करता हूं, जैसा मैंने पहले कभी नहीं किया। भगवान, क्या आपने गंभीर राजनैतिक बातें छोड़ दी हैं और आप अधिक अंतरंग और रसपूर्ण हो गये हैं? अब आपकी मुस्कुराहटें पहले की अपेक्षा अधिक दिखती हैं। कृपया कुछ कहें।

आनंद मूर्ति, एक बहुत सरल से प्रश्न में तुमने कई निहित आशयों को छुआ है। मैं उन आशयों में जाना चाहूंगा, क्योंकि उनको बिना समझे तुम्हारे प्रश्न का सच्चाई और प्रामाणिकता से उत्तर नहीं दिया जा सकता है।

बंबई के दिनों में निश्चित ही तुम भौतिक रूप से निकट थे, लेकिन वही भौतिक निकटता, एक गहरी निकटता—जहां हृदय से हृदय मिलता है, और जहां प्राण के साथ प्राण नृत्य करते हैं—की संभावना को नष्ट कर देती थी। ऐसा होता है, क्योंकि यदि तुम भौतिक रूप से निकट होते हो तो लोग तुम्हें अपने हिसाब से लेने लगते हैं।

अब मुझे कोई अपने हिसाब से नहीं ले सकता, भारत का प्रधानमंत्री भी नहीं। मैं अलगाव में, एकांत में रहता हूं। पुराने दिनों में यह संभव था कि कोई भी मेरे पास किसी भी समय आ जाये और कैसा भी मूढ़तापूर्ण प्रश्न पूछने लगे। तुम चकित रह जाओगे यदि मैं उन सब घटनाओं के विषय में तुम्हें कहूं जो हुआ करती थीं।

मैं राजस्थान में उदयपुर से चित्तौड़गढ़ जा रहा था। फर्स्ट क्लास के डिब्बे में मैं अकेला ही था। अचानक मुझे महसूस हुआ कि कोई मेरे पैर दबा रहा है।

मैंने कहा, 'तुम कौन हो और बिना मतलब मेरी नींद क्यों खराब कर रहे हो?'

उसने कहा, 'आप शांत रहें !'

मैंने कहा, 'यह अजीब बात है। ये पैर मेरे हैं।'

उसने कहा, 'आप बस शांत रहें। मैं बहुत गुस्से में हूं और मैं बहुत अधिक दुखी हूं, क्योंकि मैं भी उदयपुर ध्यान शिविर से आ रहा हूं। उन लोगों ने मुझे आपके पैर नहीं दबाने दिये और वे लोग आपको हमेशा घेरे रहते थे, इसलिए मैंने सोचा, 'थोड़ी प्रतीक्षा करते हैं, क्योंकि वह चित्तौड़गढ़ से गुजरेंगे।' इसलिए मैं आपसे पहले चल पड़ा और मैं यहां प्रतीक्षा करता रहा। अब मुझे कोई नहीं रोक सकता। और मुझे पक्का पता है कि आप इतने प्रेमपूर्ण हैं कि आप मुझे नहीं रोकेंगे।'

मैंने कहा, 'मैं प्रेमपूर्ण हूं और मैं तुम्हें रोकना नहीं चाहता, लेकिन तुम्हें भी मेरे प्रति करुणावान होना चाहिए....सात दिन के शिविर के बाद थका मांदा मैं अभी-अभी सोया था।'

लेकिन उसने नहीं सुना। दो घंटे तक लगातार....मुझे उसे धमकाना पड़ा, 'यदि तुम मेरी नहीं सुनते तो मुझे जंजीर खींचनी पड़ेगी और कंडक्टर को बुलाना पड़ेगा।'

उसने कहा, 'हे ईश्वर, मैंने यह कभी नहीं सोचा था कि आप ऐसा कर सकते हैं।'

मैंने कहा, 'अपनी रक्षा करने का मुझे हर अधिकार है, कम से कम तुम्हारे जैसे लोगों से जो एक सीधी-सी बात नहीं समझ सकते हैं कि मैं थका हुआ हूं और मैं बातें नहीं करना चाहता, मैं सोना चाहता हूं।'

केवल धमकी के कारण वह किसी छोटे से स्टेशन पर उतर गया। लेकिन खिड़की से उसने कहा, 'कम से कम मेरे सिर पर हाथ रख दें।'

मैंने कहा, 'तुमने दो घंटे लगातार मेरे पैर दबाकर मुझे परेशान किया है, और अब मुझे तुम्हारे सिर की मालिश करनी पड़ेगी ?'

उसने कहा, 'आप हाथ रख दीजिए, अन्यथा मैं फिर डिब्बे में घुस आऊंगा।'

मुझे रखना पड़ा। वह बहुत खुश था।

मैं एक विश्वविद्यालय परिसर में ठहरा हुआ था। एक ध्यान शिविर ले रहा था और दोपहर में जब मैं सो रहा था, मुझे अचानक लगा कि कोई छत पर चल रहा है। तो मैंने अपनी आंखें खोलीं और मैंने क्या देखा....एक प्रोफेसर ने एक टाइल हटा दी थी और मुझे देख रहा था।

मैंने कहा, 'हलो ! आप सामने के दरवाजे से क्यों नहीं आते ? क्या आप मुझ पर कूदनेवाले हैं ?'

उसने कहा, 'सामने के दरवाजे से वे मुझे आने नहीं देते। वे कहते हैं, आप सोये हुए हैं और वास्तविकता यह है कि आप सोये हुए नहीं हैं, आप मुझसे बातें कर रहे हैं।'

जब लोग सोचते हैं कि वे कभी भी आ सकते हैं, पूछ सकते हैं, प्रश्न कर सकते हैं....मैं कल भी उपलब्ध रहूंगा, आज जल्दी क्या है ? मुझे इस भांति उपलब्ध मान लेना समस्या खड़ी करता है। तुम भौतिक रूप से निकट रहते हो लेकिन आध्यात्मिक रूप से बहुत दूर। मेरे लिए कठिन है कि मैं हजारों लोगों के लिए अलग-अलग प्रयास करूं कि वे आध्यात्मिक रूप से मेरे निकट हों।

और आदमी का मन एक अदभुत ढंग से काम करता है। यदि तुम उसके निकट जाओ, वह भयभीत हो जाता है, वह और अधिक बंद हो जाता है। यदि तुम उसके हृदय को खोलना चाहो, वह कठोर हो जाता है, वह विरोध करता है। केवल एक यही बात संभव थी कि मैं पूरी दुनिया में अपने होनेवाले लोगों को निमंत्रण देता हुआ घूमा और जब वे आने शुरू हुए, मैंने अपने आपको एक अंधेरे कमरे में बंद कर लिया, जहां मुझ तक पहुंचने की किसी की कोई संभावना न थी।

अद्‌भुत रूप से, इसने हजारों हृदयों को खोला। क्योंकि उनके हृदयों को खोलने का मैं कोई प्रयास नहीं कर रहा हूं, मैं उनके हृदयों को खोलने में उत्सुक नहीं हूं, अचानक वे खुले हो गये हैं; भयभीत होने की कोई बात नहीं है। और दिन में दो बार मैं तुम्हारे साथ हूं, तुम मेरी प्रतीक्षा करते हो।

प्रतीक्षा करना स्वयं ही एक गहरा ध्यान है। प्रतीक्षा करना स्वयं ही पूरी धार्मिकता है। अज्ञात की प्रतीक्षा, अतिथि की प्रतीक्षा, गुरु की प्रतीक्षा—यह कोई भी रूप ले, लेकिन उस सही मौसम की प्रतीक्षा ही आदमी की पूरी खोज और जिज्ञासा है, जब तुम भी खिल जाओगे।

मैं आश्रम में चाहे जितनी बार आ सकता था—यह कोई बहुत दूर नहीं है। लेकिन 1974 से मैं आफिस में नहीं गया हूं। मैंने अपना कमरा और इस सभास्थल—जहां मैं तुमसे मिलता हूं, बात करता हूं—के सिवाय आश्रम में कभी कुछ भी नहीं देखा है। यह कोई उपदेश नहीं है, यह कोई प्रवचन नहीं है, यह सिर्फ एक उमड़ता हुआ हृदय है, जो तुम्हें प्रेम करता है, और तुम तक पहुंचना चाहता है; जो तुम पर भरोसा करता है और तुम्हारे अंतर्तम केंद्र में प्रवेश कर जाना चाहता है; जो राह पर तुम्हारी मदद करना चाहता है।

और जानकर मैं नहीं भी आता हूं, क्योंकि मैं चाहता हूं, तुम मेरे प्रति कुछ भी सुनिश्चित न मान लो। मैं चाहता हूं तुम मेरी प्रतीक्षा करो। और कभी-कभी मैं गायब भी हो जाता हूं, मैं नहीं आता हूं। लेकिन तब भी तुम प्रेम से प्रतीक्षा करते हो—शायद कल मैं आऊंगा, या कि परसों। और प्रतीक्षा के वे दिन कम महत्व के नहीं हैं। वे उन दिनों के बराबर ही महत्वपूर्ण हैं, जब मैं तुम्हारे साथ होता हूं।

मैं तुम्हें अपने से सर्वथा मुक्त, सर्वथा स्वतंत्र चाहता हूं। मैं कोई सिद्धांत, कोई संप्रदाय, कोई फिलासफी नहीं थोपता हूं। मैं अनुयायी नहीं चाहता। मैं सिर्फ ऐसे लोग चाहता हूं जो स्वतंत्रता जानते हों, जो प्रेम जानते हों, जो आदमी की गरिमा जानते हों, जो चेतना के शिखरों को जानते हों। केवल वे लोग जो चेतना के शिखरों को जानेंगे, मेरे मित्र होंगे; केवल वे लोग जो प्रेम की गहराइयों में जायेंगे, मेरे मित्र होंगे।

मैं तुम्हें इशारे देने के लिए बातें करता हूं, तुम पर कुछ थोपता नहीं, बल्कि सिर्फ तुम्हारे कान में फुसफुसा देता हूं। ऐसा कहा जाता है कि यदि तुम चाहते हो कि कोई स्त्री तुमको सुने तो तुम्हें किसी और से फुसफुसाना होगा। सीधे बात न करो, तुम्हें कोई नहीं सुनेगा; लेकिन किसी दूसरे के कान में फुसफुसाओ। और सबसे बढ़िया तो यह रहेगा यदि तुम दूसरी स्त्री ढूंढ़ सको, उसके कान में कुछ भी फुसफुसाओ और तुम्हारी पत्नी सुन लेगी।

मैं तो बस ऐसी बातें फुसफुसा रहा हूं, जो शब्दों में, भाषा में नहीं कही जा सकती हैं। ऐसी बातें जिन्हें केवल हृदय के मौन में समझने की जरूरत होती है। शायद किसी इंगित में या शायद आंखों की गहराई में, मैं तुम तक आता हूं।

और आनंद मूर्ति, मैंने तुम्हें लगभग पच्चीस वर्षों से जाना है। जब मैं बाहर था, तब भी तुम यहां आश्रम में थे; तुम अब भी यहां आश्रम में हो। मैंने तुमसे कभी बात नहीं की, क्योंकि मैं उस मौन को भंग नहीं करना चाहता हूं जो कि मेरे और तुम्हारे बीच बढ़ रहा है। मैंने तुमसे कभी हलो तक नहीं कहा। और ऐसा उन सभी के साथ है, जो यहां हैं।

और भी कुछ बातें हैं....बबई के दिनों में मैं भारतीयों से घिरा हुआ था। अज भारतीयों से घिरा होने के लिए तुम्हें गंभीर होना ही पड़ेगा। अन्यथा वे सोचते हैं कि तुम एक धार्मिक आदमी नहीं हो। तुम मेरा विश्वास नहीं करोगे, कि दस हजार वर्षों के पूरे भारतीय इतिहास में एक भी भारतीय चुटकुला नहीं है। हंसना पूरी तरह विदेशी है। हास्य को भारत पर्यटक वीसा भी नहीं देता।

तुम कह रहे हो, 'बंबई में पुराने दिनों में, यद्यपि मैं भौतिक रूप से आपको इतने निकट अनुभव करता था, आप फिर भी कितनी दूर थे। अब यहां बुद्धाहाल में आपके पास बैठे हुए, जहां हममें से हजारों आपके पास इकट्ठे हैं—बंबई के कमरे की तुलना में—मैं आपको इतनी अंतरंगता और घनिष्ठता से महसूस करता हूं.... ।'

कारण सीधा है कि अब मैं अपने लोगों के बीच हूं। वे भारतीय नहीं हैं, वे जर्मन नहीं हैं, वे अमेरिकन नहीं हैं; इनका कोई धर्म नहीं है, इनकी कोई जाति नहीं है, इनका कोई देश नहीं है; वे विशुद्ध व्यक्ति हैं। यह एक-मित्रों का समूह है। यही कारण है कि तुम मुझे अंतरंगता और घनिष्ठता से महसूस करते हो, यद्यपि मैं जानता भी नहीं कि आश्रम में तुम कहां रहते हो। मैंने तुम्हें कभी एक कप चाय के लिए भी नहीं बुलाया है।

और इस प्रकार मैं तुम्हें यह दिखा रहा हूं कि एक आध्यात्मिक संबंध क्या होता है। यह किसी भी दृश्य चीज पर निर्भर नहीं है। यह बिलकुल अदृश्य है, एक ऊर्जा जो हृदयों के बीच घटती है, जो उन्हें प्रज्वलित कर देती है। और मेरे लोग अपने अंतरतम की गहराइयों में जानते हैं कि वे इस कम्यून के हिस्से हैं, वे मेरे हिस्से हैं और वे इस ज़गत के हिस्से हैं। उन्होंने सारी सीमाएं गिरा दी हैं और इस जगत के नागरिक हो गए हैं।

तुम कहते हो, 'भगवान क्या आपने गंभीर राजनीतिक बातें छोड़ दी हैं, और आप अधिक अंतरंग और रसपूर्ण हो गए हैं ?' मैं वही हूं लेकिन मेरे पास के लोग कई बार बदले हैं। इन विगत पैंतीस वर्षों से मैं मानवता की चेतना को उठाने के लिए कार्य करता रहा हूं। बहुत लोग आये और गये, और यह हमेशा अच्छा ही हुआ क्योंकि उन्होंने बेहतर लोगों के लिए कुछ जगह खाली की। यह एक अद्‌भुत अनुभव है, कि जो लोग भी मुझे छोड़कर गए, उन्होंने हमेशा बेहतर स्तर के लोगों के लिए जगह छोड़ी। मैं कभी नुकसान में नहीं रहा।

एक समय था....चूंकि संयोग से, मैं जैन परिवार में पैदा हुआ था....अब यह मेरी गलती नहीं है। तुम इसे दुर्भाग्य कह सकते हो। लेकिन स्वभावतः क्योंकि मैं एक विशेष धार्मिक समुदाय में पैदा हुआ था, मेरे पास इकट्ठे होने वाले वे प्रथम लोग थे। जब लोगों ने मेरी तरफ ध्यान देना शुरू किया, मुझसे प्रश्न पूछने शुरू कर दिये, यह अनुभव करना शुरू किया कि मुझे कुछ घटा है; प्रथम लोग जैन ही होनेवाले थे, क्योंकि वे मेरे संबंधी थे, वे मेरे पड़ोसी थे। स्वभावतः उनके प्रश्न जैन धर्म से

संबंधित थे, महावीर से संबंधित थे। उनके जैसे प्रश्न तुम पूछ ही नहीं सकते थे, तुमको खयाल भी नहीं आता कि यह भी कोई सार्थक प्रश्न हो सकता है।

मैं एक जैन परिवार में रुका हुआ था। परिवार का मुखिया लगभग अस्सी वर्ष की उम्र का था और परंपरा के अनुसार दुनिया से अवकाश ले चुका था—कि पचहत्तर वर्ष की उम्र के बाद आदमी को दुनिया से अवकाश ले लेना चाहिए। वह शहर के बाहर एक छोटे से झोपड़े में चला गया था। परिवार के लोग भोजन-कपड़ा पहुंचाते थे, लेकिन वह रहता वहां अकेला ही था, जैन मंत्र पढ़ता, जैन शास्त्रों का अध्ययन करता।

किसी ने उनको मेरी पहली पुस्तक साधना-पथ दी। वह उस पुस्तक से इतना प्रभावित हुए कि वह भरोसा नहीं कर सके—'मेरा शास्त्रों का सब अध्ययन व्यर्थ था, केवल यह छोटी-सी पुस्तक काफी है। और यह व्यक्ति, जिसने यह पुस्तक लिखी है, संत होना चाहिए; अन्यथा वह ऐसे महान सत्य कैसे लिख सकता है ?' जब उन्होंने सुना कि मैं उनके परिवार के साथ रुका हुआ हूं—उनका पुत्र मुझमें बहुत अधिक उत्सुक था—वह मुझे मिलने आये।

और मैंने कहा, 'आप व्यर्थ ही इस वृद्धावस्था में मीलों चलकर आये। आप संदेश भेज सकते थे, फोन कर सकते थे। मैं आपके पास आ सकता था। आपके लड़के के पास कार है, कोई समस्या नहीं है।'

उन्होंने कहा, 'नहीं, मैं ही आना चाहता था....मेरे लिए यह तीर्थयात्रा है।'

जैन धर्म में, एक कल्प में केवल चौबीस सद्‌गुरु स्वीकृत हैं। वे चौबीस सद्‌गुरु हो चुके हैं—महावीर अंतिम थे। वह पच्चीस शताब्दी पहले हुए थे और अभी भी हजारों वर्ष हैं जो खाली रहेंगे, जब कोई जैन सद्‌गुरु नहीं होगा, जिनको वे तीर्थंकर कहते हैं, 'वह व्यक्ति जो घाट बनाता है।'

वह वृद्ध व्यक्ति बहुत विद्वान थे और उन्होंने कहा, 'यदि मेरे हाथ में होता, मैं आपको पच्चीसवां तीर्थंकर घोषित कर देता, लेकिन यह शास्त्र-सम्मत नहीं है और यह मेरे हाथ में भी नहीं है। लेकिन मैं आपका पच्चीसवें तीर्थंकर की तरह ही सम्मान करता हूं।'

मैंने कहा, 'आप थोड़ी प्रतीक्षा करें, थोड़ा आप देखें। संभव है आपको अपनी धारणा बदलनी पड़े।'

उन्होंने कहा, 'कभी नहीं! मैं अपनी धारणा कभी नहीं बदलूंगा। मैं एक

सुनिश्चित निष्कर्ष पर पहुंच चुका हूं। मैंने सभी जैन शास्त्र देखे हैं—चलते जाओ और तब कहीं तुम्हें जरा-सी सार की बात मिलती है। जो व्यक्ति सच में सत्य को पाना चाहता हो, उसके लिए आपकी छोटी-सी किताब काफी है। यह काफी है। इससे ज्यादा, सब गैरजरूरी है।'

यह शाम का समय था और सूर्य डूब रहा था। तभी घर की गृहिणी आई और मुझसे बोली, 'आपका सांध्य-भोजन का समय हो गया है, सूर्य डूब रहा है।' एक जैन परिवार में, तुम्हें सूर्य डूबने के पहले ही भोजन कर लेना होता है, अन्यथा तुम्हें भूखा रहना होगा।

लेकिन मैंने उस स्त्री से कहा, 'फिक्र न करें, तुम्हारे ससुर मीलों दूर से मुझे मिलने आए हैं। मुझे इससे कुछ फर्क नहीं पड़ता, मैं भोजन थोड़ी देर बाद करूंगा। पहले मुझे उनसे बात कर लेने दें, क्योंकि वे मेरे लिए वर्षों प्रतीक्षा करते रहे हैं।'

जैसे ही उन वृद्ध महानुभाव ने सुना कि मैं रात में भोजन करनेवाला हूं, उनको बहुत धक्का लगा। उन्होंने कहा, 'यह मैं क्या सुन रहा हूं ? मैंने आपको पच्चीसवां तीर्थंकर कहा और आप रात में भोजन करनेवाले हैं ! मैं सोचता रहा हूं कि आपकी पुस्तक उन सभी के लिए जरूरी है जो राह के खोजी हैं और सच्चाई यह है कि आपको धर्म का क ख ग भी नहीं पता है।'

यह धर्म का क ख ग है, कि रात में भोजन करना नर्क की ओर अपना रास्ता बनाना है।

मैंने कहा, 'मैंने आपको कहा था थोड़ी प्रतीक्षा करें, कोई निर्णय न लें, लेकिन आपने सुना ही नहीं, आपने कहा कि आप सुनिश्चित थे। असल में सिर्फ आपको यह दिखाने के लिए कि कितने सुनिश्चित आप थे, मैंने उस स्त्री से कह दिया कि मैं एक घंटे बाद भोजन कर लूंगा।'

उन्होंने कहा, 'सच में ? तो मुझे क्षमा कर दें। मैं आपके पैर छूता हूं, बस मुझे क्षमा कर दें।'

मैंने कहा, 'रुकें, आप बहुत जल्दी निर्णय लेते हैं।'

उन्होंने कहा, 'नहीं, मैं बिलकुल सुनिश्चित हूं। इस बार मैं बदलने वाला नहीं हूं।' और उन्होंने मेरे पैर छुए, मुझसे क्षमा मांगी।

मैंने कहा, 'क्षमा करने में कोई दिक्कत नहीं है क्योंकि आपने कोई अपराध नहीं किया है, लेकिन एक बात आपको समझ लेनी चाहिए : पच्चीसवां तीर्थंकर रात में

भोजन करता है।'

उन्होंने कहा, 'आप रात में भोजन करते हैं ?'

मैंने कहा, 'मैं खुद ही यह कह रहा हूं, और यदि आप चाहें, आप प्रतीक्षा कर सकते हैं। सूर्य डूब जाने दें और बात साफ हो जायेगी।'

उन्होंने कहा, 'हे ईश्वर ! तब आप ऐसी पुस्तक कैसे लिख सके ?'

मैंने कहा, 'रात में भोजन करने, न करने से धर्म का कोई लेना-देना नहीं है।'

लेकिन वह बहुत क्षुब्ध थे। वह उठकर चले गए और जाते समय उन्होंने मुझे कहा, 'आपकी पुस्तक मैं जला देनेवाला हूं।'

मैंने कहा, 'वही ठीक बात है। लेकिन उसे जलाने के पहले सोच लें। आप बहुत जल्दबाजी में निर्णय लेने वाले लगते हैं। और हर निर्णय परम है। मैं हो सकता है न खाऊं....और मैं तो सिर्फ मजाक कर रहा था जब मैंने कहा कि मैं रात में भोजन करता हूं।'

उन्होंने कहा, 'सच ?'

अब तुम ऐसे लोगों के साथ क्या कर सकते हो ?

जब मैं जैनों से घिरा हुआ था, मुझे इन लोगों के साथ ऐसी चीजों के विषय में बातें करनी पड़ती थीं, जिनका कोई महत्व नहीं है, कुछ भी नहीं, लेकिन वही लोग थे और वही उनके प्रश्न थे।

धीरे-धीरे दूसरे मेरी ओर आने शुरू हुए। जैन अल्पमत में हो गए। उस अल्पमत में से कुछ अब भी यहां हैं—बहुत थोड़े, उनका प्रतिशत अधिक से अधिक एक प्रतिशत रह गया है।

दूसरा जो वर्ग आया वह जैनों का निकटतम वर्ग ही था। महात्मा गांधी ने जैनों का एक सिद्धांत अहिंसा अपना लिया था, इसलिए सभी जैन गांधीवादी हो गए, और सभी गांधीवादी जैनों के नजदीक आ गए। कम से कम एक मुद्दे पर वे सहमत थे। इसलिए जब जैन चौकन्ने हो रहे थे कि मैं एक खतरनाक व्यक्ति हूं, तो उनके पीछे गांधीवादी आए। उनके बड़े-बड़े नेता—विनोबा भावे मुझसे मिलना चाहते थे, शंकरराव देव ने एक ध्यान-शिविर में भाग लिया, दादा धर्माधिकारी ने कई ध्यान-शिविर किए, आचार्य भागवत ने कई ध्यान-शिविर किए। और चूंकि ये गांधीवादी चिंतक थे, पूरे भारत में गांधीवादी मुझमें उत्सुक होने शुरू हो गए।

पुनः मैं एक नियत विचारधारा वाले एक खास वर्ग के लोगों से घिरा था। जिस

दिन मैंने महात्मा गांधी की आलोचना की....मैं सिर्फ तथ्य रख रहा था, आलोचना भी नहीं। किसी ने पूछा था, महात्मा गांधी और उनके अहिंसा-दर्शन के विषय में आप क्या सोचते हैं ? अब तुम उस प्रकार के प्रश्न नहीं पूछोगे।

मैंने कहा कि महात्मा गांधी सिर्फ एक चालाक राजनीतिज्ञ थे। अहिंसा को अपनाकर वह कई चीजें संभाल रहे थे। सभी जैन उनके अनुयायी बन गए। उनको एक ऐसा आदमी मिला जो उनके साथ तालमेल में था; यद्यपि वह जैन नहीं थे, फिर भी वह कम से कम नौ प्रतिशत जैन थे। गांधी के बाबत मेरे पास प्रतिशत विभाजन है : वह जन्म से हिंदू थे, लेकिन वह केवल एक प्रतिशत हिंदू थे। वह गुजरात में पैदा हुए थे, जो कि जैन-दर्शन से बहुत अधिक प्रभावित क्षेत्र है। वह नौ प्रतिशत जैन थे। और नब्बे प्रतिशत वह ईसाई थे। अपने जीवन में तीन मौकों पर वह ईसाई धर्म स्वीकार करने की कगार पर थे।

मैंने उनको कहा कि अहिंसा के द्वारा वे जैनों को साथ रखने में सफल रहे; वे उच्चवर्ण हिंदुओं को—जो कि अहिंसावादी लोग हैं—साथ रखने में भी सफल रहे; वह ईसाइयों को, ईसाई मिशनरियों को प्रभावित करने में भी सफल रहे, क्योंकि जीसस क्राइस्ट का संदेश है प्रेम और अहिंसा प्रेम का ही दूसरा नाम है। और अहिंसा स्वीकार करने के ये ही कुल फायदे नहीं थे। सबसे अधिक महत्वपूर्ण बात है कि भारत दो हजार वर्षों तक एक गुलाम मुल्क रहा। यह भूल ही चुका है कि स्वतंत्र होने का अर्थ क्या होता है। यह अभी भी स्वतंत्र नहीं है। इसका मन एक गुलाम का मन हो गया है।

दो हजार वर्ष कोई छोटा समय नहीं है। इन दो हजार वर्षों में एक खास गुलामी की मानसिकता भारतीय चित्त में घुस गयी है। वे भीरु हो गये हैं। भारत ने कभी किसी पर आक्रमण नहीं किया। छोटे-छोटे हमलावर, अशिक्षित, असंस्कृत—मुगल, तुर्क, हूण, मध्य एशिया के छोटे-छोटे कबीले—सीधे आते चले गए और उनका प्रतिरोध भी नहीं हुआ। भारत लड़ने की हिम्मत खो बैठा है। इसलिए जब गांधी ने कहा अहिंसा, तो पूरा भारत उनके साथ बिलकुल राजी हो गया, क्योंकि उसमें लड़ने का कोई प्रश्न न था।

भारतीय लड़ने से बहुत भयभीत हैं। वे कभी लड़े नहीं। एक छोटा-सा समूह इस विशाल महाद्वीप को गुलाम बनाए रख सका। मालकियत एक समूह से दूसरे समूह में बदलती रही, लेकिन भारत गुलामी में ही रहा।

दूसरे, गांधी इतने समझदार थे कि उन्होंने देखा कि पहली बात तो भारतीय लड़नेवाले लोग नहीं हैं और दूसरी बात लड़ने के लिए उनके पास कोई हथियार भी नहीं हैं। तीसरे उन दिनों ब्रिटिश साम्राज्य दुनिया की सबसे बड़ी शक्ति था। ब्रिटिश साम्राज्य के साथ हिंसक लड़ाई लड़ना असंभव था। न तुम्हारे पास हथियार हैं, न तुम्हारे पास लड़ने के लिए प्रशिक्षित लोग हैं, न लड़ाई के विषय में तुम कुछ जानते हो।

अहिंसा एक राजनीतिक कूटनीति थी। इसने कई उद्देश्य पूरे किए, और अच्छी तरह पूरे किए। इसने ब्रिटिश साम्राज्य को हिला दिया और इसने ब्रिटिश साम्राज्य का खात्मा भी कर दिया। अगर भारतीय लड़नेवाले होते तो ब्रिटेन पूरी तरह तैयार था। लेकिन वे लड़ेंगे नहीं; चाहे ब्रिटिश सैनिक भारतीयों की हत्या ही कर रहे होते, वे सिर्फ खड़े रहेंगे और मारे जाएंगे। दुनिया में चारों तरफ ब्रिटिश साम्राज्य की भर्त्सना हुई : 'यह नितांत मूढ़ता है। जो लोग लड़ नहीं रहे, जो आतंकवादी नहीं हैं, जो क्रांतिकारी नहीं हैं, जो केवल अपनी स्वतंत्रता की मांग कर रहे हैं....और उनको स्वतंत्रता देने की जगह, तुम उन निहत्थे लोगों के सीने में गोलियां उतार रहे हो।'

ब्रिटेन एक बहुत बेबूझ स्थिति में था। तुम गांधी के पीछे चलनेवालों को गिरफ़्तार कर सकते हो और वे गिरफ़्तार होने के लिए तैयार थे—तुम उन्हें जेल में ठूंस सकते हो, लेकिन तुम जेल में कितने लोगों को रख सकते हो ? और मतलब क्या है ? आज नहीं तो कल तुम्हें उनको छोड़ना ही होगा, क्योंकि यह तुम पर एक अनावश्यक बोझ है—उनका भोजन जुटाना, कपड़े जुटाना। और हर रोज हजारों और चले आ रहे थे गिरफ़्तार होने के लिए। हर जेल के बाहर, हर अदालत के सामने लोग गिरफ़्तार होने के लिए तैयार खड़े थे : 'हमें स्वतंत्रता दो या हमें गिरफ़्तार करो।'

विश्व में कहीं भी ऐसी स्थिति कभी नहीं घटी थी। ब्रिटेन चक्कर में पड़ गया। इन लोगों की हत्या करना अमानवीय लगता था, इन लोगों को जेलों में बंद करना अमानवीय लगता था और एक विश्वव्यापक निंदा। और अंततः पूरा साम्राज्य ढह गया, क्योंकि भारत केंद्रीय आधार था। जैसे ही भारत स्वतंत्र हुआ, अन्य छोटे-छोटे देश स्वतंत्र होने शुरू हो गए। और ब्रिटिश साम्राज्य से भारत के निकलते ही, ब्रिटेन की शक्ति इतनी घट गयी कि जहां तक महाशक्तियों का संबंध है उसकी गिनती ही नहीं है। यह सर्वोच्च शक्ति था।

इसलिए मैंने कहा कि गांधी की अहिंसा कोई आध्यात्मिक दर्शन नहीं थी, बल्कि

एक राजनीतिक कूटनीति थी। और तथ्यों से यह सिद्ध हो जाता है। स्वतंत्रता के पहले उन्होंने आश्वासन दिया था कि जैसे ही भारत स्वतंत्र होता है, सब सेनाएं भंग कर दी जाएंगी, सभी हथियार समुद्र में फेंक दिए जाएंगे। जब पूछा गया, 'यदि आप ऐसा करते हैं और कोई आक्रमण कर देता है, आप क्या करेंगे ?' उन्होंने कहा, 'हम उनका अपने मेहमानों की तरह स्वागत करेंगे और हम उनसे कहेंगे, हम यहां रहते हैं, आप भी रह सकते हैं।'

स्वतंत्रता के बाद सब बातें भुला दी गयीं। न सेनाएं भंग की गयीं, न हथियार समुद्र में फेंके गए। बल्कि उल्टे गांधी ने खुद पाकिस्तान पर पहले हमले को आशीर्वाद दिया। भारतीय वायु सेना के तीन वायुयान उनके आशीर्वाद लेने आए और वह अपने घर के बाहर आए और वायुयानों को आशीर्वाद दिया। सब अहिंसा और वह सब बकवास जो कि वह जिंदगी भर से कर रहे थे, भूल गयी।

जिस क्षण मैंने गांधी की आलोचना की....और यह तो केवल एक मुद्दा था। मैं ऐसा व्यक्ति हूं जो हर चीज की गहराई में जाना पसंद करता है। यदि मैं नहीं जाता तो मैं बिलकुल ही नहीं जाता। एक बार मैंने शुरू कर दिया तो मुझे सैकड़ों मुद्दों पर, एक-एक कदम पर महात्मा गांधी की निंदा करनी पड़ी। गांधीवादी भाग गए, अब मैं नहीं सोचता हूं कि यहां मौजूद लोगों में एक प्रतिशत भी गांधीवादी हैं—यहां भारत में भी नहीं। क्योंकि यदि मैं सही हूं तो वे गांधीवादी नहीं हो सकते। मैंने एक-एक मुद्दे पर उनकी आलोचना की है।

मैं नहीं बदला हूं, सिर्फ मेरे पास के लोग बदलते गए। जब गांधीवादी चले गए तो कम्युनिस्ट, सोशलिस्ट, जो गांधीवादी विचारधारा के विरुद्ध थे, उन लोगों ने सोचा, 'यह बढ़िया मौका है, यदि वह हमारा समर्थन करें....', लेकिन मैंने गांधी की आलोचना साम्यवाद के समर्थन के लिए नहीं की थी। मैंने इस विषय में कभी सोचा भी नहीं था, कि यह समाजवादियों और साम्यवादियों के लिए एक सुअवसर बन जाएगा। और फिर मुझे उनकी निंदा करनी पड़ी। इन लोगों से छुटकारा पाने का और कोई दूसरा उपाय नहीं था।

इसलिए वे सब राजनीतिक वार्ताएं एक जरूरत थीं, ठीक-ठीक पता करने के लिए कि कौन मेरे अपने लोग हैं; कौन लोग बिना किसी पूर्वाग्रह के हैं; लोग जो मेरे पास आए हैं। जो मेरे पास क्राइस्ट के विषय में या बुद्ध के विषय में या गांधी के विषय में या महावीर के विषय में सुनने नहीं आए हैं; जो सीधे मुझे सुनने आए हैं। मेरा

अपना एक संदेश है, विश्व के लिए मेरी अपनी एक घोषणा है।

इसलिए यहां जो लोग हैं, एकदम भिन्न स्तर के लोग हैं। मैं तुमसे बिना यह सोचे कि यह तुम्हें चोट पहुंचा सकता है, सीधे बात कर सकता हूं; बिना यह सोचे कि किसी तरह मुझे वैसी बातें कहनी हैं जो तुम्हें पसंद पड़ें। अब मैं वह बातें कह सकता हूं जो मेरा स्वयं का अनुभव है, जो मेरे अपने प्राण कहने के लिए तैयार हैं।

मैं कभी गंभीर व्यक्ति नहीं रहा। लेकिन कई वर्षों तक मैं गंभीर लोगों द्वारा घिरा हुआ था, और उन गंभीर लोगों के बीच गंभीर न होना बहुत कठिन है। यह करीब-करीब अस्पताल में होने जैसा है। कम से कम तुम्हें दिखाना पड़ता है कि तुम गंभीर हो। वर्षों तक मैं बीमार लोगों से घिरा हुआ था और मुझे दिखावा करना पड़ता था कि मैं गंभीर हूं।

मैं बिलकुल भी गंभीर नहीं हूं क्योंकि अस्तित्व गंभीर नहीं है। यह इतना खेलपूर्ण है, इतना गीत से भरा है और इतना संगीत से भरा है और इतना एक सूक्ष्म हास्य से भरा है। इसका कोई लक्ष्य नहीं है; यह व्यापार जैसा नहीं है। यह विशुद्ध आनंद है, शुद्ध नृत्य है, उमड़ती ऊर्जा से बहता हुआ।

अब मैं तुमसे वैसे ही बोल सकता हूं जैसे कि मैं स्वयं से ही बातें कर रहा हूं। उसमें कोई व्यवधान नहीं है।

अभी कल ही चैतन्य कीर्ति मेरी कुछ वार्ताओं का हिंदी में अनुवाद कर रहे थे, और वह दुविधा में थे कि चुटकुलों का अनुवाद कैसे करना, क्योंकि भारतीय उनको गले से नीचे न उतार पाएंगे। वे चुटकुले उनके गले में अटक जाएंगे। इसलिए मैंने चैतन्य कीर्ति को कहा, 'तुम भारतीय हो और तुम भलीभांति जानते हो कि क्या दिक्कत डालेगा—उतना छोड़ दो। तुम न केवल भारतीय भाषा में अनुवाद कर रहे हो, तुम भारतीयों के लिए भी अनुवाद कर रहे हो। ध्यान में रखो कि वे मजाक नहीं समझ सकते। तुम एक पूरी तरह भिन्न जलवायु में, एक भिन्न वातावरण में हो। वे उस स्थिति में नहीं हैं। वे दरवाजे के भीतर आने में ही भयभीत हैं।'

मेरे कान में तकलीफ थी और एक विशेषज्ञ डा. जोग को बुलाया गया। वह विश्वास नहीं कर सके कि पूना में इतना सुंदर आश्रम भी है। और वह पूना में ही रहते हैं, यहां के सबसे बड़े विशेषज्ञ हैं। वह गुजरे थे, द्वार देखा था, लोग देखे थे, लेकिन वह भीतर आने का साहस न कर पाये थे। और फिर उन्होंने कहा, 'जब मैंने अपनी पत्नी को कहा कि यह एक सुंदर जगह है और वहां आनंद और हास्य से भरपूर

लोग हैं; वैसा कुछ भी नहीं है जैसा तृतीय कोटि के पीले समाचारपत्र इस विषय में छापते रहते हैं—झूठ, सरासर झूठ। वह भी आना चाहती है।'

वे दोनों एक रविवार को जब उनकी छुट्टी थी, आये। और जब वह पुनः मुझे देखने आये उन्होंने कहा, 'मेरी पत्नी जब भी उसे समय मिले, यहां आना चाहती है। मैं तो हर रविवार को आ नहीं सकता, क्योंकि वही एकमात्र अवकाश का दिन होता है, कांफ्रेंस के लिए, मीटिंग के लिए, इधर-उधर के लिए। लेकिन जब भी मैं आ सकता हूं, मैं आऊंगा। क्या वह अकेली आ सकती है ?'

मैंने कहा, 'कोई समस्या नहीं है। यहां पुरुष स्त्रियों से भयभीत हैं, स्त्रियां पुरुषों से भयभीत नहीं हैं ! यह बिलकुल अलग दुनिया है। तुम तमाशा देख सकते हो : स्वामी दूर भाग रहा है, और कोई एक नहीं कई मा उसे पकड़ने का प्रयास कर रही हैं, कह रही हैं, 'तुम कहां जा रहे हो ? वापस आओ !'

और उन्होंने कहा, 'एक बात और, वह आपसे पांच मिनट अकेले में मिलना चाहती है।'

मैंने कहा, 'कोई समस्या नहीं है। जब भी तुम चाहो, तुम मुझे सूचित कर देना और वह मुझसे मिलने आ सकती है।'

वह खुद भी चकित थे, 'वह आपसे अकेले में किसलिए मिलना चाहती है ?'

मैंने कहा, 'वह तुम्हारी समस्या है, वह मेरी समस्या नहीं है। संभव है उसे तुमसे कोई शिकायत हो। संभव है तुम उसे सताते रहे हो या तुम जरूर कुछ करते रहे हो।'

उस दिन भी मैंने देखा था, जैसे ही कार रुकी, कि उनकी पत्नी समझदार सुशिक्षित मालूम पड़ती है। वे यहीं बैठे थे और उनकी पत्नी ने उन्हें अंगूठा दिखाया। शायद वह नहीं जानते कि मैंने यह देखा। मैं कभी देखने लायक चीज देखने से नहीं चूकता !

अब कुछ गंभीर बातें....

महारानी का सबसे छोटा पुत्र प्रिंस एडवर्ड, रोज सुबह हाइड पार्क घुड़सवारी के लिए जाता है। और रोज एक सुंदर लड़की को पार्क की एक बेंच पर बैठे देखता है। वह शीघ्र ही उसके प्रेम में पड़ जाता है लेकिन परिचय देने में बहुत शर्माता है। दुविधा में वह अपने बड़े भाई चार्ल्स से परामर्श करता है जो कि इन मामलों में अधिक अनुभवी है।

'बिलकुल आसान बात,' चार्ल्स कहता है, 'अपना घोड़ा हरे रंग से रंग लो।'

'हरा ?' एडवर्ड चकित होकर कहता है।

'हां, हरा,' चार्ल्स कहता है। 'और तब अगली बार जब तुम उसे मिलोगे, वह कहेगी, तुम्हारा घोड़ा हरा है ? और तुम कह सकते हो, हां ठीक है और मेरा नाम प्रिंस एडवर्ड है। और फिर तुम उसे चाय-पानी के लिए बुला सकते हो और फिर तुम उसे छुट्टी पर स्काटलैंड आने का निमंत्रण दे सकते हो, और यदि तुम अपनी बाजी ठीक से खेले तो तुम शीघ्र ही झाड़ियों के इर्द-गिर्द उछलकूद कर रहे होगे।'

'जबर्दस्त !' एडवर्ड कहता है। और अगली सुबह वह एक हरे घोड़े के साथ पार्क में आता है।

लड़की सिर उठाती है, उसे देखती है और चिल्लाती है, 'हे परमात्मा, तुम्हारा घोड़ा हरा है !'

'हां,' एडवर्ड कहता है, और फिर वह हकलाता है, 'अच्छा, अर, अच्छा, अच्छा....मैं तुम्हारे साथ सोना चाहता हूं !'

अपने भारत के दौरे के समय हाइमी गोल्डबर्ग और बेकी गोल्डबर्ग हिमालय में ट्रेकिंग के लिए जाते हैं। पहाड़ों के दृश्य देखते, पगडंडी पर चलते हाइमी, पौराणिक भयावह बर्फीले-आदिमानव यति से भिड़ जाता है। यति हाइमी को उठाता है और पहाड़ियों में भाग जाता है, रोती-बिलखती बेकी को पीछे छोड़कर कि वह अब हाइमी को दुबारा न देख सकेगी।

तभी कुछ मिनट बाद एक दर्दनाक चीख उभरती है जो चारों तरफ पहाड़ों में गूंजती है और बेकी दुर्भाग्य की आशंका से घबड़ा जाती है। लेकिन थोड़ी ही देर बाद, हाइमी पगडंडी पर लड़खड़ता हुआ आता है और बेकी की बाहों में गिर पड़ता है।

'क्या हुआ ?' वह राहत से चिल्लाती है। 'तुम कैसे बच निकले ?'

'बस,' हाइमी रुक-रुककर कहता है, 'मैंने सोचा कि मैं तो गया, उस प्राणी की बाहों में पूरी तरह गुड़ीमुड़ी पड़ा, यहां तक कि मैं सांस भी नहीं ले सकता था। और तभी मैंने देखा कि मेरी नाक के सामने अण्डकोष लटक रहे थे, तो मैंने अपनी बची खुची ताकत बटोरकर जितनी जोर से हो सकता था उतनी जोर से अण्डकोष को काटा। और तुम्हें खयाल भी नहीं कि किसी व्यक्ति में कितनी ताकत आ जाती है जब वह अपने ही अण्डकोष काटता है !'

12

मुद्राओं का सौंदर्य

प्यारे भगवान,

आपकी मुद्राएं मुझे आपके प्रवचन से अधिक हिला देती हैं।

आपकी महिमा और आपका सौंदर्य मुझे आपके मौन से अधिक छू जाता है।

प्यारे सद्गुरु, थोड़ा पैर का अंगूठा हिलायें या हमारी तरफ

एक आंख झपका दें।

हे परमात्मा ! प्रेम सुशील तुम मुझसे बहुत कठिन बातें पूछ रहे हो ! एक आंख झपकाना मैं नहीं जानता; मैंने कभी किसी को आंख नहीं मारी। और पहली बार ऐसा करना बहुत कठिन होगा। दोनों आंखों का एक साथ उपयोग करना मैं जानता हूं, लेकिन आंख मारने का मतलब है एक आंख खुली रखनी होगी।

कभी-कभी गलती से यदि मैं शैम्पू या साबुन आंखों में लगा लेता हूं और आंखें लाल हो जाती हैं तो निर्वानो मेरी आंखों में कुछ दवा डालती है। तुम देख सकते हो, आज यह आंख थोड़ी लाल है। वह आंख में दवा डालती है, लेकिन उसकी समस्या है कि या तो मैं दोनों आंखें खोल सकता हूं या मैं दोनों आंखें बंद रख सकता हूं। इसलिए वह एक हाथ से एक आंख बंद रखती है, और दूसरी आंख जबरदस्ती खोलती है—बस गैर अनुभवी ! मैं तुम्हें आंख मार सकने में सफल होने की आशा नहीं करता हूं, और जहां असफलता का तनिक भी संदेह हो ऐसा मैं कोई काम कभी करता ही नहीं। मैं अकेला ही अपने कमरे में अभ्यास करना शुरू कर दूंगा। और जब मैं निपुण हो जाऊंगा तब मैं तुम्हें आंख मारूंगा।

जहां तक पैर के अंगूठे का संबंध है, यह इतना आलसी है कि यदि मैं भी इसे हिलाना चाहूं, यह न हिलेगा। लेकिन मैं तुम्हें संतुष्ट करने का हर प्रयास करूंगा।

लेकिन सुशील तुम भी एक विचित्र व्यक्ति मालूम पड़ते हो, मुझसे ऐसी मुद्राओं के लिए कहते हो। क्या तुम चाहते हो मैं हास्यास्पद दिखूं ? लेकिन मैं वह कर सकता हूं क्योंकि मुझे दुनिया की बिलकुल चिंता नहीं है कि वे क्या सोचते हैं। तुमको जरा

मुझे अभ्यास के लिए थोड़ा समय देना पड़ेगा।

मैंने कभी अपने पैर का अंगूठा नहीं हिलाया। यह बस हमेशा बुद्ध बना रहता है, अकंप ! अब इसे बुद्धत्व से नीचे उतारने के लिए राजी करना बहुत कठिन होने वाला है, लेकिन इसे राजी करने का मैं हर प्रयास करूंगा : 'कभी-कभार बुद्धत्व से छुट्टी ले लेना कोई पाप नहीं है ! और तुम कोई पाप नहीं कर रहे हो, जरा सा हिलना....।'

बेशक आंख मारने वाली समस्या अधिक कठिन है : मारनी किसे ? क्योंकि जिसकी तरफ भी आंख झपकेगी, बुद्ध हो जायेगा। और तुम सबके साथ, मैं तुम सबको इतना प्रेम करता हूं कि मैं आंख किसे मारूं, मैं चुन नहीं सकता हूं। तो जरा मुझे इसे सोचना-विचारना पड़ेगा। यह एक बहुत कठिन काम है।

सभी आंख मारना जानते हैं, क्योंकि वे इसे हमेशा से करते रहे हैं। यह एक भाषा है। पैर का अंगूठा आंख की अपेक्षा अधिक धार्मिक है, क्योंकि यदि तुम अपने पैर का अंगूठा हिलाओ तो मैं नहीं सोचता हूं कि कोई भी बुरा मानता है। लेकिन यदि तुम आंख मारो, विशेषकर किसी स्त्री को—और यहां समलैंगिक सम्मानित नहीं हैं....इसलिए मुझे एक ऐसी स्त्री खोजनी पड़ेगी जो आंख मारने से परेशान न होती हो। यह बहुत जटिल सवाल है।

एक किताबों की दुकान पर लगी सूचना : दुकान बंद हो रही है—शब्दों ने हमारा साथ न दिया !

मुद्रा का, इंगित का यही सौंदर्य है, यह कभी बेकार नहीं जाता। यद्यपि इसे कोई सिखाता नहीं, यह स्वभावतः सीधा समझ लिया जाता है।

'आज की दुनिया का कोई अर्थ नहीं समझ पड़ता,'—यह पिकासो का वक्तव्य है—'तो मैं ही ऐसे चित्र क्यों बनाऊं जिनका कोई अर्थ हो ?'

अब, ये बेतुकी मुद्राएं हैं : आंख मारना, किसी स्त्री के पीछे सीटी बजाना। और पैर का अंगूठा तो सुशील तुम्हारा अपना ही आविष्कार है। मैंने कभी नहीं सुना कि किसी स्त्री को आकर्षित करने के लिए तुम्हें अपने पैर का अंगूठा हिलाना होता हो। शायद यह उसे दूर भगाने के लिए है—यह देखकर कि यह आदमी तो पागल है....आंख मारने के स्थान पर यह अपने पैर का अंगूठा हिला रहा है !

ऐसे महत्वपूर्ण मामलों में मैं बिलकुल ही गैर अनुभवी हूं। लेकिन मैं तुमसे वादा करता हूं, मैं वृक्षों के साथ अभ्यास करूंगा, मैं पत्थरों के साथ अभ्यास करूंगा, क्योंकि वे बुरा नहीं मानेंगे। और वे मेरे प्रेम में भी नहीं पड़ जायेंगे। जब मैं संतुष्ट हो जाऊंगा तब मैं तुम सब को—किसी विशेष को नहीं—एक बार आंख मारूंगा। वही मेरा ढंग है।

निर्वानो मुझसे पूछ रही थी, 'क्या आप लोगों को देखते हैं ?' जब मेरी दृष्टि तुम पर होती भी है तो मैं तुमको देख नहीं रहा होता हूं। यह ऐसा थकाने वाला काम है। ऐसी बातों की तुम मुझसे उम्मीद नहीं कर सकते ! मैं तुम्हें प्रेम करता हूं, लेकिन मैं तुम्हें जानता नहीं हूं। मैं केवल बहुत कम लोगों को जानता हूं जो बिलकुल शुरुआत में आ गये थे और इन सब पंद्रह वर्षों में मेरे साथ रहे। लेकिन दूसरे, जो बाद में आये, प्रेम में उतने ही हिस्सेदार हैं।

लेकिन जब मैं बोल रहा हूं, मैं दीवालों से ही बोल रहा हूं। मैं इसी विशेष ढंग के लिए बोधिधर्म को पसंद करता हूं। नौ साल तक वह दीवाल की तरफ मुंह करके बैठा रहा था। सम्राट वू ने उससे पूछा, 'यह क्या अद्‌भुत घटना यहां घट रही है ? मैंने कभी किसी वक्ता को दीवाल की ओर मुंह करके बोलते नहीं सुना है, और श्रोतागण उसके पीछे बैठे सुन रहे हैं।'

बोधिधर्म का उत्तर था, 'इससे कोई फर्क नहीं पड़ता। यदि मैं उनकी तरफ भी मुंह कर लूं, मैं दीवाल की तरफ ही मुंह किये हुए हूं। लेकिन वह दीवाल जरा उपद्रववाली है—कोई हिलता है, कोई अपना आसन बदलता है। उससे मुझे बाधा पड़ती है। इसलिए मैंने एक नया तरीका तय किया : मैं दीवाल से बोलता हूं। वे अपनी मुद्राएं बदलना, आना और जाना चालू रख सकते हैं, जो भी वे करना चाहें कर सकते हैं। वे सुन रहे हैं या नहीं, मुझे मतलब नहीं है। और मजे की बात यह है कि जब से मैंने दीवाल से बोलना शुरू किया है, मेरे पीछे बिलकुल शांति रहती है, क्योंकि हर व्यक्ति जो मैं कह रहा हूं सुनना चाहता है। कोई नहीं हिलता-डुलता है।'

तो मुझे कोई रास्ता खोजना होगा कि कैसे आंख मारना। संभवतः मैं दीवाल को आंख मारूं। और पैर का अंगूठा और भी कठिन है, क्योंकि यह बिलकुल ही नया है। आदमी के पूरे इतिहास में किसी ने भी एक इशारे की भांति पैर का अंगूठा नहीं हिलाया है—किसलिए ऐसा इशारा ?

गौतम बुद्ध के जीवन में एक उल्लेख है। एक महान सम्राट प्रसेनजित उनको

सुनने आया हुआ था। निश्चित ही, महान सम्राट होने के कारण वह सामने हो था। अचानक बुद्ध एक वाक्य के मध्य में ही रुक गये और प्रसेनजित से बोले, अपने पैर का अंगूठा क्यों हिला रहे हो ?' जब उन्होंने यह पूछा, हिलना रुक गया प्रसेनजित ने कहा, 'मुझे पता नहीं, यूं ही हिलता था।'

बुद्ध ने कहा, 'तुम्हारा पूरा जीवन ही वैसा है। यूं ही हो रहा है—संयोगवशात। तुम होश में नहीं हो।'

लेकिन इस घटना के अलावा, मैंने और कोई उल्लेख कहीं नहीं देखा जिसमें पैर के अंगूठे का जिक्र भी आया हो। लेकिन तुम्हारे संतोष के लिए मैं अभ्यास करूंगा। वैसे सुशील तुम मनोविज्ञान के छात्र हो क्या ? क्योंकि केवल मनोवैज्ञानिक ही बेतुके प्रश्न पूछते हैं।

अमेरिका में उन्नीस सौ सत्तरवें दशक में प्रतिवर्ष मानसिक अस्पतालों के मरीजों की अपेक्षा दोगुने मानसिक चिकित्सकों ने आत्महत्याएं की हैं। सत्तर से यह संख्या बढ़ती ही गयी है; अब अट्ठासी है। अब किसी भी अन्य पेशे की अपेक्षा चार गुने मनस-चिकित्सक आत्महत्याएं करते हैं। स्वभावतः यदि तुम बेतुकी चीजों से संबंधित हो....आंखें आंख मारने के लिए नहीं हैं। और पैर के अंगूठे हिलाने के लिए नहीं हैं। जब तुम ऐसी चीजें करते हो तो तुम शरीर की आंतरिक व्यवस्था में बाधा देते हो।

लेकिन जिंदगी में एक बार यह करने से मुझे कोई नुकसान नहीं होगा। बस मुझे अभ्यास करने में कितना समय लगेगा, वह मैं नहीं कह सकता हूं। तुम्हें धैर्य रखना सीखना होगा। और यदि तुम्हारे धैर्य से कोई समझ पैदा हो और तुम अपना प्रश्न वापस ले लेते हो, मैं अत्यंत प्रसन्न होऊंगा।

यह धैर्य, असीम धैर्य, तुम्हारे लिए एक नया जन्म हो सकता है। तुम द्विज हो सकते हो।

इस दूसरे बचपन से गुजरने में केवल एक समस्या है : इस बार तुम अपने मां-बाप पर दोष नहीं लगा सकते।

दो चुटकुले, जो तुम्हारे प्रश्न से संबंधित नहीं हैं, लेकिन निश्चित ही तुमसे संबंधित....

पैडी लड़खड़ाता हुआ शराबखाने से बाहर निकलता है और गांव के पादरी फादर मरफी से धड़ाम से टकरा जाता है।

'पैट्रिक', पादरी कहता है, 'तुम्हें ऐसी जगह से बाहर निकलता देखकर मुझे बहुत अफसोस होता है !'

'अच्छा, तो,' पीछे मुड़ता हुआ पैडी कहता है, 'मैं अभी ही वापस चला जाऊंगा।'

अंकल अल्बर्ट सप्ताहांत की छुट्टियों में आये हुए हैं और नन्हा अर्नी उनसे सभी प्रकार के सवाल कर रहा है।

'अंकल अल्बर्ट', वह पूछता है, 'कुछ लोग सिर के सामने के हिस्से में गंजे क्यों होते हैं ?'

'ऐसा कि,' अंकल अल्बर्ट उत्तर देते हैं, 'ये लोग महान विचारक होते हैं।'

'और उन लोगों के विषय में क्या जो सिर के पीछे की तरफ गंजे होते हैं ?' नन्हा अर्नी पूछता है।

'ये लोग', अंकल अल्बर्ट बताते हैं, 'प्रेम-क्रीड़ा में बहुत निपुण होते हैं।'

'तो इसका क्या मतलब होता है,' नन्हा अर्नी आगे कहता है, 'जब वे पूरे ही गंजे होते हैं ?'

'वह तो स्पष्ट ही है,' अंकल अल्बर्ट उत्तर देते हैं, ये लोग सोचते हैं कि वे प्रेम-क्रीड़ा में बहुत निपुण हैं।'

13

कुतूहल एक बौद्धिक खुजलाहट है

प्यारे भगवान,
क्या आप कुतूहल के विषय में कुछ कहेंगे ? अक्सर मुझे यह जीवंतता और उत्तेजना का एहसास देता है। लेकिन जब मैंने ध्यान के लिए प्रयास किया, यह एक बाधा के रूप में सामने आया।
और अब, जब मैं आपकी उपस्थिति में बैठती हूं, अधिक-अधिक शांत होती जाती हूं, तो ऐसा लगता है कि मैं अब और कुछ भी नहीं जानना चाहती हूं।

आनंद प्रीति, कुतूहल बचकानापन है। निश्चित ही यह तुम्हें उत्तेजित बनाए रखता है, लेकिन इसने कभी किसी को बुद्धिमान, अपने साथ और जगत के साथ लयबद्ध नहीं बनाया है। कुतूहल एक प्रकार की बौद्धिक खुजलाहट है। तुम खुजलाते हो, अच्छा लगता है। लेकिन ज्यादा मत खुजलाना। अलग-अलग स्थानों पर खुजलाना। लेकिन खुजलाहट तुम्हारी प्रतिभा को अधिक शुद्ध, अधिक स्पष्ट, अधिक विस्तृत नहीं करने वाली है। इसी कारण ध्यान में यह बाधा बन जाती है। यह तुम्हारी पुरानी आदत है, इसलिए तुम हर किसी चीज के बारे में कुतूहल से भर जाते हो, कि यह क्या है !

लेकिन ध्यान में तुम्हें अपने में ही केंद्रित रहना होता है। न कोई कुतूहल, न कोई विचार, न कोई प्रश्न। और मैं खुश हूं कि तुम समझीं और तुम कह सकीं कि 'अब जब मैं आपकी उपस्थिति में बैठती हूं, अधिक-अधिक शांत होती जाती हूं तो ऐसा लगता है कि मैं अब और कुछ भी नहीं जानना चाहती हूं।' किसी बाबत अब और कुछ भी न जानना चाहना ही सिद्ध की अवस्था है। वह कुछ भी नहीं जानता है, वह फिर बच्चे-जैसा हो जाता है। वह अत्यंत शांत हो जाता है, कोई विचार नहीं उठते। वह पहली बार अस्तित्व का आनंद लेता है क्योंकि जानने का वह पुराना उपद्रव अब वहां नहीं है।

एक बहुत विद्वान व्यक्ति हुआ करते थे, महात्मा भगवानदीन। मैं जब उनके संपर्क में आया तब मैं बहुत छोटा था और वह बहुत वृद्ध थे। हम जंगल में टहलने जाया करते थे और वह हर चीज के विषय में जानते थे। वह सभी वृक्षों के, फूलों के नाम, उनके लैटिन नाम, उनके उपयोग, दवा के रूप में प्रयोग, उनकी जड़ों या फूलों या पत्तियों से क्या चमत्कार हो सकते हैं आदि सब कुछ जानते थे। पहले दिन हम तीन घंटे जंगल में रहे और मैं लगातार उनको सुनता रहा।

दूसरे दिन मैंने उनसे कहा, 'आप कुछ ज्यादा ही जानते हैं। मैं नहीं सोचता कि आप कभी मरेंगे।'

उन्होंने कहा, 'यह खयाल तुम्हें कैसे आया ?'

मैंने कहा, 'आपका महान ज्ञान निश्चित ही आपकी मदद करेगा। मैं कुछ भी नहीं जानता, लेकिन मैं वृक्षों का मजा लेता हूं, मुझे नाम नहीं पता और मैं नहीं समझ पाता कि वृक्ष का मजा उठाने के लिए नाम जानने की जरूरत है; फूल का आनंद उठाने के लिए उसके नाम की जरूरत है और उसके दवा के रूप में होने वाले उपयोग जानने जरूरी हैं।'

वह बहुत विद्वान व्यक्ति थे, लेकिन जब मैंने उनसे यह कहा, कुछ देर के लिए सन्नाटा छा गया। हम चलते रहे। और फिर उन्होंने कहा, 'शायद तुम सही हो। असल में मैंने कभी किसी चीज का मजा नहीं लिया, हर चीज एक समस्या रही। इसके क्या गुण हैं, इसके क्या-क्या औषधीय गुणधर्म हैं, कैसे इसका उपयोग किया जा सकता है, कितनी मात्रा में....। तुम शायद सही हो कि अस्तित्व का मजा लेने में मैं चूक गया। मैं हमेशा और अधिक जानने में उत्सुक रहता हूं।'

संयोग से ऐसा हुआ कि जिस दिन उनकी मृत्यु हुई, मैं भी उसी शहर में था। मैं वहां से गुजर रहा था, किसी ने मुझे खबर दी कि भगवानदीन मृत्युशैय्या पर हैं। वह लगभग अस्सी वर्ष के थे। मैं भागा। वह करीब-करीब अस्थिपंजर हो गये थे। मैंने पांच वर्षों से उन्हें नहीं देखा था। मुझसे उनके अंतिम शब्द यही थे कि 'तुम सही थे। मैंने अनावश्यक कुतूहल में अपनी जिंदगी बरबाद की, मैंने ज्ञान में अपने को खो दिया। आनंद मनाने का ढंग निर्दोषिता है।'

आनंद प्रीति, यह बिलकुल ठीक है कि अब तुम और कुछ भी और अधिक जानने में उत्सुक नहीं हो। इसके प्रति सजग रहना। मन चालाक है, यह पीछे के द्वार से आ जाता है। यह कम से कम कुछ बार तो प्रयास करेगा ही, लेकिन सावधान रहना।

ज्ञान किसी काम का नहीं है। और जब ज्ञान नहीं होता, प्रज्ञा विकसित होती है। ध्यान समस्त ज्ञान को फेंक देने और तुम्हें निर्दोष आंखों से देख सकने में सक्षम बनाने की केवल एक विधि है। तब हर चीज, पक्षियों की चहचहाहट, यह अदभुत मौन, बांस के झुरमुट से झांकती किरणें—हर चीज ऐसा आनंद बन जाती है कि कोई गीत गाना चाहता है, कोई गिटार बजाना चाहता है, कोई नृत्य करना चाहता है या कोई सिर्फ शांत बैठना और इस अस्तित्व के चमत्कार का आनंद उठाना चाहता है।

तुम ठीक दिशा में चल रही हो। चलती रहो। एक क्षण के लिए भी मत भूलो कि मन प्रयास करेगा, यह बहुत पुराना है....बहुत काल में तुमने गढ़ा है। इसे यह समझने में थोड़ा समय लगता है कि अब उसका स्वागत नहीं है। उस क्षण तक आदमी को बहुत सजग रहना होता है।

OSHO BOOKS

OSHO
YOGA
THE ALCHEMY OF YOGA

YOGA
THE BIRTH OF BEING
OSHO

YOGA
MOVING TO THE CENTER
Commentaries

Osho
YOGA
THE EVER-PRESENT FLOWER

SUFIS: THE PEOPLE OF THE PATH
Singing Silence
OSHO

SUFIS: THE PEOPLE OF THE PATH
The Royal Way
OSHO

A Lotus of Emptiness

Glory of Freedom
OSHO

OSHO on Zen
The Art of Living

OSHO on Zen
The Art of Meditation

OSHO on Zen
The Art of Enlightenment

OSHO on Zen
Take it Easy

OSHO BOOKS

OSHO
THE GREAT CHALLENGE

A Cup of Tea

i am
the gate

OSHO
Meditation

The Divine Melody
OSHO

OSHO
I SAY
UNTO YOU

OSHO
I SAY
UNTO YOU

THE
FORGOTTEN
LANGUAGE
OF THE HEART

OSHO
SING,
DANCE,
REJOICE

OSHO
A SONG
WITHOUT WORDS

Love Song
for
OSHO

The Rebellious
Enlightened Master
OSHO
Swami Gyan Bhed